Puesta en marcha y regulación de instalaciones de climatización y ventilación-extracción

Prudencio Ostos Hidalgo

ic editorial

Puesta en marcha y regulación de instalaciones de climatización y ventilación-extracción

1ª Edición

Editado por: IC Editorial
c/ Cueva de Viera, 2, Local 3
Centro Negocios CADI
29200 Antequera (Málaga)
Teléfono: 952 70 60 04
Fax: 952 84 55 03
Correo electrónico: iceditorial@iceditorial.com
Internet: www.iceditorial.com

ISBN: 978-84-1184-936-4
Depósito Legal: MA-1057-2025

Impresión: PODiPrint
Impreso en Andalucía – España

Nota de la editorial: IC Editorial pertenece a Innovación y Cualificación S. L.

Presentación del manual

El **Certificado de Profesionalidad** es el instrumento de acreditación, en el ámbito de la Administración laboral, de las cualificaciones profesionales del Catálogo Nacional de Cualificaciones Profesionales adquiridas a través de procesos formativos o del proceso de reconocimiento de la experiencia laboral y de vías no formales de formación.

El elemento mínimo acreditable es la **Unidad de Competencia.** La suma de las acreditaciones de las unidades de competencia conforma la acreditación de la competencia general.

Una **Unidad de Competencia** se define como una agrupación de tareas productivas específica que realiza el profesional. Las diferentes unidades de competencia de un certificado de profesionalidad conforman la **Competencia General,** definiendo el conjunto de conocimientos y capacidades que permiten el ejercicio de una actividad profesional determinada.

Cada **Unidad de Competencia** lleva asociado un **Módulo Formativo,** donde se describe la formación necesaria para adquirir esa **Unidad de Competencia,** pudiendo dividirse en **Unidades Formativas.**

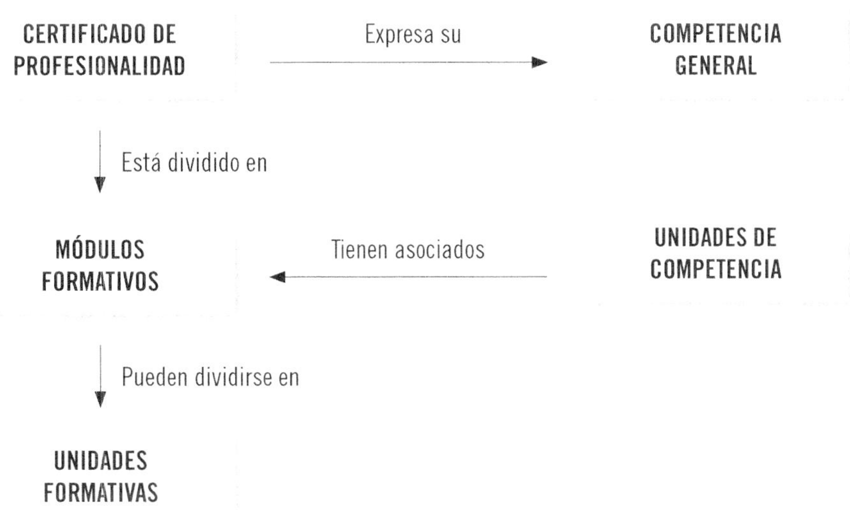

El presente manual desarrolla la Unidad Formativa **UF0419: Puesta en marcha y regulación de instalaciones de climatización y ventilación-extracción,**

perteneciente al Módulo Formativo **MF1158_2: Montaje de instalaciones de climatización y ventilación-extracción,**

asociado a la unidad de competencia **UC1158_2: Montar instalaciones de climatización y ventilación-extracción,**

del Certificado de Profesionalidad **Montaje y mantenimiento de instalaciones de climatización y ventilación-extracción**

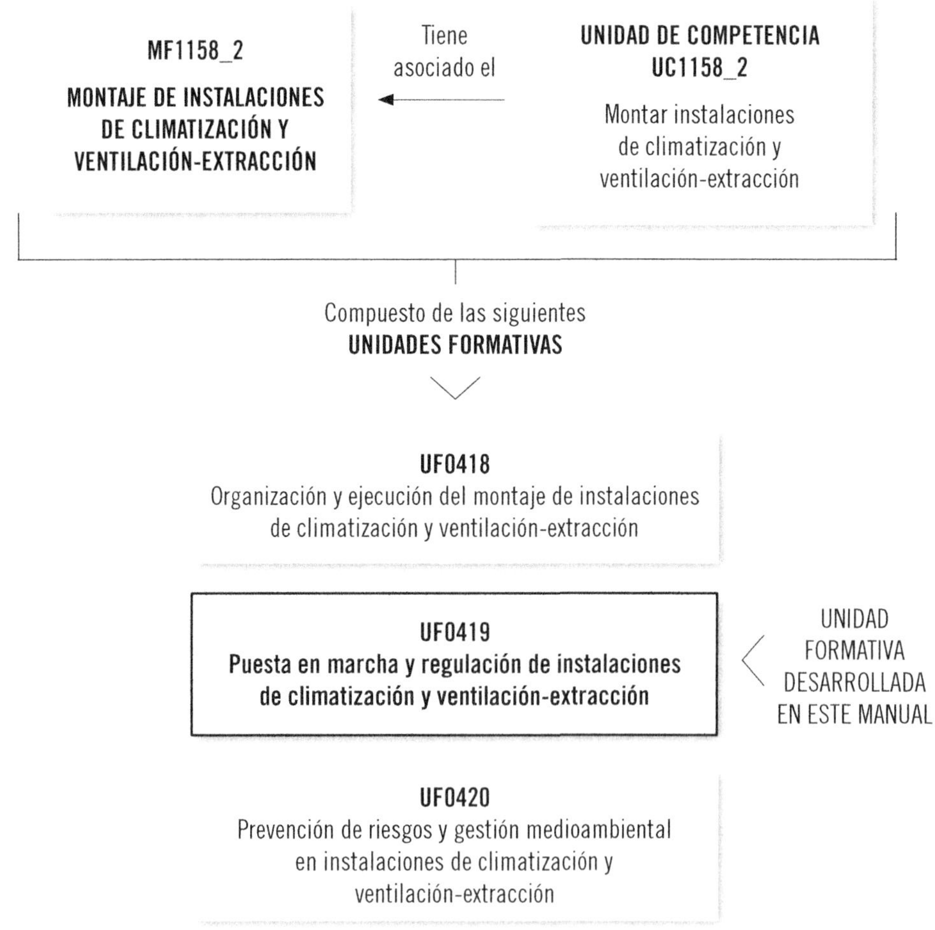

FICHA DE CERTIFICADO DE PROFESIONALIDAD

(IMAR0208) MONTAJE Y MANTENIMIENTO DE INSTALACIONES DE CLIMATIZACIÓN Y VENTILACIÓN-EXTRACCIÓN

(R. D. 1375/2009, de 28 de agosto, modificado por el R. D. 715/2011, de 20 de mayo)

COMPETENCIA GENERAL: Realizar las operaciones de montaje, mantenimiento y reparación de instalaciones de climatización, ventilación-extracción y filtrado de aire, de acuerdo con los procesos y planes de montaje y mantenimiento, con la calidad requerida, cumpliendo con la normativa y reglamentación vigente, en condiciones de seguridad personal y medioambiental.

Cualificación profesional de referencia	Unidades de competencia		Ocupaciones o puestos de trabajo relacionados:
IMA0369_2 MONTAJE Y MANTENIMIENTO DE INSTALACIONES DE CLIMATIZACIÓN Y VENTILACIÓN EXTRACCIÓN (R. D. 182/2008, de 8 de febrero)	UC1158_2	Montar instalaciones de climatización y ventilación-extracción	• 7220.006.9 Instalador de aire acondicionado y ventilación • 7613.015.7 Mecánico reparador de equipos industriales de refrigeración y climatización • 7613.024.1 Instalador-ajustador de instalaciones de refrigeración y aire acondicionado • 8163.017.6 Operador de planta de aire acondicionado • 8163.016.5 Operador de planta de ventilación y calefacción • Instalador-montador de equipos de climatización y ventilación-extracción en redes de distribución y equipos terminales • Mantenedor-reparador de equipos de climatización y ventilación-extracción en redes de distribución y equipos terminales
	UC1159_2	Mantener instalaciones de climatización y ventilación-extracción	

Correspondencia con el Catálogo Modular de Formación Profesional		
Módulos certificado	Unidades formativas	Horas
MF1158_2 Montaje de instalaciones de climatización y ventilación-extracción	UF0418: Organización y ejecución del montaje de instalaciones de climatización y ventilación-extracción	80
	UF0419: Puesta en marcha y regulación de instalaciones de climatización y ventilación-extracción	80
	UF0420: Prevención de riesgos y gestión medioambiental en instalaciones de climatización y ventilación-extracción	60
MF1159_2 Mantenimiento de instalaciones de climatización y ventilación-extracción	UF0421: Mantenimiento preventivo de instalaciones de climatización y ventilación-extracción	80
	UF0422: Mantenimiento correctivo de instalaciones de climatización y ventilación-extracción	80
	UF0420: Prevención de riesgos y gestión medioambiental en instalaciones de climatización y ventilación-extracción	60
MP0092: Módulo de prácticas profesionales no laborales		120

Índice

Capítulo 1
Fluidos frigorígenos

Capítulo 2
Aceites refrigerantes

Capítulo 3
Puesta en marcha y mediciones reglamentarias de las instalaciones de climatización. Manejo de refrigerantes

Capítulo 6

Explotación y puesta en servicio de instalaciones de climatización y ventilación-extracción

Capítulo 1
Fluidos frigorígenos

Contenido

1. Introducción

Los fluidos frigorígenos son un descubrimiento que ha cambiado muchos aspectos de nuestra vida cotidiana. Son parte fundamental en los procesos de conservación, sobre todo en los de los alimentos. También se utilizan para conseguir ambientes con características climatológicas específicas en las que se controla la temperatura del aire y la humedad, como por ejemplo en secaderos de jamones, bodegas, etc.

En este capítulo se estudiarán los fluidos frigorígenos y las características técnicas que van a permitir su correcta aplicación y manejo en las instalaciones de climatización y ventilación-extracción.

2. Denominación y clasificación. Codificación

La definición de fluido frigorígeno o refrigerante viene recogida instrucción técnica IF 01 del Reglamento de seguridad para instalaciones frigoríficas y sus instrucciones técnicas complementarias:

Fluido utilizado en la transmisión de calor que, en un sistema de refrigeración, absorbe calor a bajas temperaturas y presión, cediéndolo a temperaturas y presión elevadas. Este proceso tiene lugar, generalmente, con cambios de fase del fluido.

Nota

Se trata del Real Decreto 552/2019, de 27 de septiembre, por el que se aprueban el Reglamento de seguridad para instalaciones frigoríficas y sus instrucciones técnicas complementarias.

En la práctica, cualquier fluido que experimente cambios de estado entre líquido y vapor, intercambiando calor con el medio en que esté en contacto, puede utilizarse como fluido frigorígeno. Pero en realidad, no sirve cualquier fluido como refrigerante, ya que debe cumplir con varias especificaciones comerciales. Dependiendo de las condiciones en que vaya a ser empleado, se deberá usar un tipo de refrigerante u otro. Por ejemplo en una unidad interior de un sistema partido enfriando un local comercial, debe emplearse un fluido frigorígeno que se evapore a una temperatura inferior a la del ambiente del local para poder robar las cargas de dicho local.

El ser humano, desde la antigüedad ha utilizado elementos naturales como el aire, el butano, el propano y el agua como fluidos refrigerantes, transformándolos según su conveniencia. Para conservar y enfriar alimentos o modificar la temperatura ambiente, la sustancia más utilizada ha sido el agua, especialmente en su estado sólido.

Nota

Los barcos de pesca utilizan las máquinas de hielo para conservar el pescado fresco que llega a las lonjas cada día. Estas máquinas utilizan gases refrigerantes para producir el hielo.

Actualmente en los equipos de climatización los refrigerantes más utilizados son los derivados halogenados como los HCFC (Hidroclorfluorocarbonados) y los HFC (Hidrofluorocarburos), aunque en instalaciones comerciales se siguen utilizando sustancias de origen inorgánico como NH_3 (amoniaco) compuesto por nitrógeno e hidrógeno que, aunque es más pesado, tiene un mejor rendimiento.

Definición

Los HCFC (hidroclorofluorocarbonos)
Son compuestos formados por átomos de Cloro, Flúor, Hidrogeno y Carbono.

El dióxido de azufre y el metilcloruro son también refrigerantes estables pero presentan problemas de toxicidad e inflamabilidad que hacen que tengan un uso limitado.

Definición

Los HFC (Hidrofluorocarbonos)
Son compuestos formados por átomos de Hidrógeno, Flúor y Carbono.

2.1. Denominación

Según el Real Decreto 552/2019 en su artículo 4.1.:

> *Los refrigerantes se denominarán o expresarán por su fórmula o por su denominación química, o, si procede, por su denominación simbólica alfanumérica.*
>
> *La denominación comercial se entenderá como un complemento y en ningún caso será suficiente para denominar el refrigerante.*

Esto significa que cuando hay que referirse a un tipo de refrigerante no es suficiente con definirlo por su denominación comercial, sino que habrá que llamarlo por su denominación química o simbólica alfanumérica.

2.2. Clasificación

Con respecto a la clasificación de los refrigerantes, se pueden dividir de varias formas, según el R. D. 552/2019 los refrigerantes se clasificarán en función del grado de seguridad. En este manual también se clasificarán los refrigerantes según su composición, según el material por el que esté compuesto. Así se puede distinguir entre:

- **Compuestos puros o simples** formados por un solo tipo de refrigerante.
- **Mezclas** constituidas por varios refrigerantes puros que no reaccionan entre sí. Por su parte, estas mezclas pueden ser de dos tipos:
    - **Azeotrópicas:** cuando los componentes de la mezcla en sus cambios de estado en el circuito frigorífico se comportan, a efectos prácticos, como un refrigerante simple. La mezcla cambia de estado igual que si fuera una sustancia pura, manteniendo constante su presión y temperatura.
    - **Zeotrópicas:** cuando los componentes de la mezcla realizan sus cambios de estado a presión constante pero no a temperatura constante. En las mezclas zeotrópicas cada componente de la mezcla tiene diferente volatilidad, por lo cual, dada una determinada presión, su composición y temperatura de saturación serán diferentes a las de otra presión diferente. Cada sustancia cambia de estado a una temperatura diferente, manteniéndose constante la presión en la fase de cambio de estado.

Ejemplo

Son sustancias puras:

R-12 (Diclorofluormetano): CCl2F2.
R-134a (1,1,1,2 Tetrafluormetano): CF3CH2F.

Continúa en página siguiente >>

<< Viene de página anterior

Son mezclas:

Azeotrópicas:

- R-507A: mezcla de R-125/143a (CF3CHF2 + CF3CH3), en proporción 50/50.
- R-508B: mezcla de R-23/116 (CHF3 + C2F6), en proporción 46/54.

Zeotrópicas:

- R-407A: mezcla de R-32/125/134a (CH2F2 + CF3CHF2 + CF3CH2F) en proporción 20/40/40.
- R-410B mezcla de R-32/125 (CH2F2 + CF3CHF2) en proporción 45/55.

Según el grado de seguridad los fluidos frigorígenos, se clasifican dependiendo del efecto que tienen sobre la salud, el medioambiente y la seguridad. Para dicha clasificación se tendrá en cuenta su toxicidad y su inflamabilidad.

En función de la **toxicidad,** los refrigerantes se agrupan dentro de las categorías A o B:

- CATEGORÍA A
- CATEGORÍA B

Toxicidad

En función de la toxicidad, los **refrigerantes** se incluyen dentro de las categorías A o B:

- **Categoría A:** refrigerantes cuya concentración media en el tiempo no tiene efectos adversos para la mayoría de los trabajadores que puedan estar expuestos al refrigerante durante una jornada laboral de 8 h diarias y 40 h semanales y cuyo **valor es igual o superior** a una concentración media de 400 ml/m^3 [400 ppm. (V/V)].
- **Categoría B:** refrigerantes cuya concentración media en el tiempo no tiene efectos adversos para la mayoría de los trabajadores que puedan

estar expuestos al refrigerante durante una jornada laboral de 8 h diarias y 40 h semanales y cuyo **valor es inferior** a una concentración media de 400 ml/m³ [400 ppm. (V/V)].

Con respecto a la toxicidad de los refrigerantes en el R. D. 552/2019 se incluyen dos notas aclaratorias que hay que reseñar

Nota. Bajo ciertas condiciones se pueden producir compuestos tóxicos de descomposición por contacto con llamas o superficies calientes. Los principales productos de descomposición del grupo de refrigerantes del grupo L1 (A1), con excepción del dióxido de carbono, son los ácidos clorhídricos y fluorhídricos. Si bien son tóxicos, delatan automáticamente su presencia debido a su olor extremadamente irritante incluso a bajas concentraciones.

Nota. Estos criterios sobre toxicidad, con independencia de su posible valor de referencia, no se refieren a los valores límites ambientales previstos en el Real Decreto 374/2001, de 6 de abril, sobre la protección de la salud y seguridad de los trabajadores contra los riesgos relacionados con los agentes químicos durante el trabajo, que se aplicarán según su normativa específica.

Inflamabilidad

Todos los refrigerantes deben incluirse en una de las tres categorías que exige el Real Decreto 552/2019, esta clasificación se realiza en base a la propagación de una llama en unas condiciones determinadas, el calor de combustión y según el límite de inflamabilidad que tiene el refrigerante en cuestión. Los límites inferiores de inflamabilidad se determinarán de acuerdo con la correspondiente norma, por ejemplo, ANSI / ASTM E681-09(2015) y se recogen en la ISO 817:2024 y en la norma UNE-EN 378-1:2017+A1:2021.

- **CATEGORÍA 1:** se incluirán en esta categoría, los refrigerantes que no muestren propagación de llama cuando se ensayan a +60 °C y 101,3 kPa.
- **CATEGORÍA 2:** para incluir los refrigerantes en esta categoría, estos deben cumplir las tres condiciones siguientes:

    - Muestran propagación de llama cuando se ensayan a +60 °C y 101,3 kPa.

- Tienen un límite inferior de inflamabilidad, cuando forman una mezcla con el aire, igual o superior al 3,5 % en volumen (V/V).
- Tienen un calor de combustión menor que 19.000 kJ/kg.

Dentro de este grupo, la norma ISO 817:2024 ha introducido el criterio de la disminución de riesgo a causa de la baja velocidad de propagación de la llama de ciertas substancias, estableciendo la categoría 2L, el cual además de satisfacer las tres condiciones anteriores presenta la siguiente característica: Velocidad de propagación de la llama inferior a 10 cm/s. Los refrigerantes que en la actualidad están dentro de esta categoría son los siguientes:

- A2L: R-32; R-143a; R-1234yf; R-1234ze; R-444A; R-444B; R-445A; R-446A; R-447A; R-451A; R-451B; R-452B; R-454A; R-454B; R-454C y R-455A.
- B2L: R-717.

- **CATEGORÍA 3:** refrigerantes que cumplan las tres condiciones siguientes:

  - Muestran propagación de la llama cuando se ensayan a +60 °C y 101,3 kPa.
  - Tienen un límite inferior de inflamabilidad, cuando forman una mezcla con el aire, inferior al 3,5 % en volumen (V/V).
  - Tienen un calor de combustión mayor o igual que 19.000 kJ/kg.

Clases de seguridad y su determinación en función de la inflamabilidad y toxicidad			
Incremento riesgo - inflamabilidad ↓		Baja toxicidad	Alta toxicidad
	Sin propagación de llama	A1	B1
	Baja inflamabilidad	A2L	B2L
	Media inflamabilidad	A2	B2
	Alta inflamabilidad	A3	B3
	→ → Incremento riesgo - toxicidad		

- Grupo de alta seguridad (L1). Refrigerantes sin propagación de la llama y de acción tóxica baja. (A1)
- Grupo de media seguridad (L2). Refrigerantes de acción tóxica y con inflamabilidad baja o media. (A2L, A2, B1, B2L, B2)
- Grupo de baja seguridad (L3). Refrigerantes inflamables, sean de baja o alta toxicidad. (A3, B3).

Si existen dudas al clasificar los refrigerantes porque puedan pertenecer a más de un grupo, este se debe clasificar en el grupo más desfavorable.

En la siguiente tabla se muestra la clasificación de los refrigerantes según la instrucción IF 02 del Reglamento de seguridad para instalaciones frigoríficas.

BOLETÍN OFICIAL DEL ESTADO

Núm. 256 Jueves 24 de octubre de 2019 Sec. I. Pág. 116845

APÉNDICE 1 TABLA A

CLASIFICACIÓN DE LOS REFRIGERANTES

Clasificación			DENOMINACIÓN				Límite Práctico	Punto de Ebullición	ATEL/ODL	Inflamabilidad					
Grupo L	Clase de seguridad	Nº de Refrigerante (2)	(composición = % peso)	Fórmula	Masa Molecular (3)	Densidad de vapor a 25ºC a 101,3 kPa	(4)	101,3 kPa (5)	(6)	Temp. Auto-ignición °C	Límite inferior de inflamabilidad kg/m³	Potencial de calentamiento atmosférico (7) PCA 100	Potencial agotamiento de la capa de ozono (8) PAO	Clasif. según: (9) REP
					kg/kmol	kg/m³	kg/m³	°C	(kg/m³)					
1	A1	R-11	Triclorofluormetano	CCl3F(10)	137.4	5.62	0.3	24	0.0062	ND	NF	4750	1	2
1	A1	R-12	Diclorodifluormetano	CCl2F2(10)	120.9	4.94	0.5	-29	0.088	ND	NF	10900	1	2
1	A1	R-12B1	Bromoclorodifluorometano	CBrClF2(10)	165.4	6.76	0.2	-4	ND	ND	NF	1 890	3	2
1	A1	R-13	Clorotrifluormetano	CClF3(10)	104.5	4.27	0.5	-81	ND	ND	NF	14 400	1	2
1	A1	R-13B1	Bromotrifluormetano	CBrF3(10)	148.9	6.09	0.6	-58	ND	ND	NF	7140	10	2
1	A1	R-14	Tetrafluoruro de carbono	CF4	88.0	3.60	0.4	-128	0.40	ND	NF	7390	0	2
1	A1	R-22	Clorodifluormetano	CHClF2(10)	86.5	3.54	0.3	-41	0,21	635	NF	1 810	0.055	2
1	A1	R-23	Trifluormetano	CHF3(11)	70.0	2.86	0.68	-82	0.15	765	NF	14800	0	2
1	A1	R-113	1,1,2-Tricloro-1,2,2-trifluoretano	CCL2FCClF2(10)	187.4	NA	0.4	48	0.2	ND	NF	6130	0.8	2
1	A1	R-114	1,2-Dicloro-1,1,2,2 tetrafluoretano	CClF2CClF2 (10)	170.9	6.99	0.7	4	0.14	ND	NF	10000	1	2
1	A1	R-115	2-Cloro-1,1,1,2,2-pentafluoretano	CF3CClF2(10)	154.5	6.32	0.76	-39	0.76	ND	NF	7 370	0.6	2
1	A1	R-116	Hexafluoretano	CF3CF3(11)	138.0	5.64	0.68	-78	0.68	ND	NF	12200	0	2
1	A1	R-124	2-Cloro-1,1,1,2-tetrafluoretano	CF3CHClF (10)	136.5	5.58	0.11	-12	0.056	ND	NF	609	0.022	2
1	A1	R-125	Pentafluoretano	CF3CHF2	120.0	4.91	0.39	-49	0.37	733	NF	3500	0	2
1	A1	R-134a	1,1,1,2-Tetrafluoretano	CF3CH2F(11)	102.0	4.17	0.25	-26	0.21	743	NF	1 430	0	2
1	A1	R-218	Octofluorpropano	CF3CF2CF3 (11)	188.0	7.69	1.84	-37	0.85	ND	NF	8830	0	2

cve: BOE-A-2019-15228
Verificable en http://www.boe.es

APÉNDICE 1 TABLA A. BOE Núm. 256 Jueves 24 de octubre de 2019 Sec. I. Pág. 116845

BOLETÍN OFICIAL DEL ESTADO

Núm. 256 Jueves 24 de octubre de 2019 Sec. I. Pág. 116846

Clasificación			DENOMINACIÓN				Límite Práctico	Punto de Ebullición	ATEL/ODL	Inflamabilidad				
Grupo L	Clase de seguridad	Nº de Refrigerante (2)	(composición = % peso)	Fórmula	Masa Molecular (3) kg/kmol	Densidad de vapor a 25ºC a 101,3 kPa kg/m³	(4) kg/m³	101,3 kPa (5) °C	(6) (kg/m³)	Temp. Auto-ignición °C	Límite inferior de inflamabilidad kg/m³	Potencial de calentamiento atmosférico (7) PCA 100	Potencial agotamiento de la capa de ozono (8) PAO	Clasif. según: (9) REP
1	A1	R-227ea	1,1,1,2,3,3,3-Heptafluorpropano	CF3CHFCF3(11)	170.0	6.95	0.63	-15	0.63	ND	NF	3220	0	2
1	A1	R-236fa	1,1,1,3,3,3-Hexafluorpropano	CF3CH2CF3(11)	152.0	6.22	0.59	-1	0.34	ND	NF	9810	0	2
1	A1	R-1233zd(E)	Trans-1-cloro-3,3,3-trifluorprop-1-N	CF3CH=CHCl(10)	130.5	5.34	0.086	18.1	0.086	ND	NF	4.5	0	2
1	A1	R-C318	Octofluorciclobutano	C4F8(11)	200.0	8.18	0.81	-6	0.65	ND	NF	10300	0	2
1	A1	R-500	R-12/152a (73.8/26.2)	CCl2F2 + CHF2CH3 (10;11)	99.3	4.06	0.4	-33.5	0.12	ND	NF	8077	0.74	2
1	A1	R-501	R-22/12 (75/25)	CCl2F2 + CHClF2 (10;11)	93.1	3.81	0.38	-41.0	0.21	ND	NF	4083	0.29	2
1	A1	R-502	R-22/115 (48.8/51.2)	CHClF2+ CF3CClF2(10;11)	112	4.56	0.45	-45.4	0.33	ND	NF	4 657	0.33	2
1	A1	R-503	R-23/13 (40.1/59.9)	CHF3+CClF3(10;11)	87.5	3.58	0.35	-88.7	ND	ND	ND	14560	0.6	2
1	A1	R-504	R-32/115 (48.2/51.8)	CH2F2+CClF2CF3 (10;11)	79.2	3.24	0.45	-57	0.45	ND	NF	4143	0.31	2
1	A1	R-507A	R-125/143a (50/50)	CF3CHF2CF3CH3 (11)	98.9	4.04	0.53	-46.7	0.53	ND	NF	3985	0	2
1	A1	R-508A	R-23/116 (39/61)	CHF3+C2F6(11)	100.1	4.09	0.23	-86.0	0.23	ND	NF	13210	0	2
1	A1	R-508B	R-23/116 (46/54)	CHF3+C2F6 (11)	95.4	3.90	0.25	-88.3	0.2	ND	NF	13400	0	2
1	A1	R-509A	-22/218 (44/56)	CHClF2+ C3F8 (10;11)	124	5.07	0.56	-47.0	0.38	ND	NF	5741	0.024	2
1	A1	R513A	R-134a/1234yf (44/56)	CH2FCF3+CF3CF=CH2 (11)	108.4	4.256	0.319	-29.05	0.319	ND	NF	631.4	0	2
1	A1	R-718	Agua	H2O	18		ND	100	NA	NA	NF	0	0	2
1	A1	R-744	Dióxido de carbono	CO_2	44.0	1.80	0.1	-78	0.072	ND	NF	1	0	2
1	A1/A1	R-401A	R-22/152a/124 (53/13/34)	CHClF2+ CHF2CH3+CF3CHClF (10;11)	94.4	3.86	0.3	33.4 a -27.8	0.10	681	NF	1182	0.037	2
1	A1/A1	R-401B	R-22/152a/124 (61/11/28)	CHClF2+ CHF2CH3 CF3CHClF (10;11)	92.8	3.80	0.34	-34.9 a -29.6	0.11	685	NF	1 288	0.04	2

cve: BOE-A-2019-15228
Verificable en http://www.boe.es

APÉNDICE 1 TABLA A. BOE Núm. 256 Jueves 24 de octubre de 2019 Sec. I. Pág. 116846

BOLETÍN OFICIAL DEL ESTADO

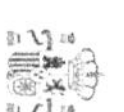

Núm. 256 Jueves 24 de octubre de 2019 Sec. I. Pág. 116847

Clasificación: Grupo L	Clasificación: Clase de seguridad	Nº de Refrigerante (2)	DENOMINACIÓN (composición = % peso)	Fórmula	Masa Molecular (3) kg/kmol	Densidad de vapor a 25ºC a 101,3 kPa kg/m³	Límite Práctico (4) kg/m³	Punto de Ebullición 101.3 kPa (5) °C	ATEL/ODL (6) (kg/m³)	Inflamabilidad: Temp. Autoignición °C	Inflamabilidad: Límite inferior de inflamabilidad kg/m³	Potencial de calentamiento atmosférico (7) PCA 100	Potencial agotamiento de la capa de ozono (8) PAO	Clasif. según: (9) REP
1	A1/A1	R-401C	R-22/152a/124 (33/15/52)	CHClF2+ CHF2CH3+ CF3CHClF (10; 1)	101	4.13	0.24	-28.9 a -23.3	0.083	ND	NF	932.6	0.03	2
1	A1/A1	R-402A	R-125/290/22 (60/2/38)	CF3CHF2+ C3H8+ CHClF2 (10; 1)	101.5	4.16	0.33	-49.2 a -47.0	0.27	723	NF	2788	0.021	2
1	A1/A1	R-402B	R-125/290/22 (38/2/60)	CF3CHF2+ C3H8+ CHClF2 (10; 1)	94.7	3.87	0.32	-47.2 a -44.8	0.24	641	NF	2416	0.033	2
1	A1/A1	R-403A	R-290/22/218 (5/75/20)	C3H8+CHClF2+ C3F8 (10;11)	92	3.76	0.33	-47.7 a -44.3	0.24	ND	0.80	3124	0.041	2
1	A1/A1	R-403B	R-290/22/218 (5/56/39)	C3H8+CHClF2+ C3F8 (10;11)	103.3	4.22	0.41	-49.1 a -46.84	0.29	ND	NF	4457	0.031	2
1	A1 / A1	R-404A	R-125/143a/134a (44/52/4)	CF3CHF2+ CF3CH3+ CF3CH2F (11)	97.6	3.99	0.52	-46.5 a -45.7	0.52	728	NF	3 922	0	2
1	A1 / A1	R-405A	R-22/152a/142b/C318 (45/7/5.5/42.5)	CHClF2+ CHF2CH3+ CH3CClF2+ C4F8 (10;11)	111.9	4.58	ND	-32.8 a -24.4	0.26	ND	ND	5328	0.028	2
1	A1 / A1	R-407A	R-32/125/134a (20/40/40)	CH2F2+ CF3CHF2+ CF3CH2F (11)	90.1	3.68	0.33	-45.2 a -38.7	0.31	685	NF	2107	0	2
1	A1 / A1	R-407B	R-32/125/134a (10/70/20)	CH2F2+ CF3CHF2+ CF3CH2F (11)	102.9	4.21	0.35	-46.8 a -42.4	0.33	703	NF	2804	0	2
1	A1 / A1	R-407C	R-32/125/134a (23/25/52)	CH2F2+ CF3CHF2+ CF3CH2F (11)	86.2	3.53	0.31	-43.8 a -36.7	0.29	704	NF	1774	0	2
1	A1/A1	R-407D	R-32/125/134a (15/15/70)	CH2F2+ CF3CHF2+ CF3CH2F (11)	90.9	3.72	0.41	-39.4 a -32.7	0.25	ND	NF	1627	0	2
1	A1/A1	R-407E	R-32/125/134a (25/15/60)	CH2F2+ CF3CHF2+ CF3CH2F (11)	83.8	3.43	0.40	-42.8 a -35.6	0.27	ND	NF	1552	0	2
1	A1/A1	R-407F	R-32/125/134a (30/30/40)	CH2F2+ CF3CHF2+ CF3CH2F (11)	82.1	3.36	0.32	-46.1 a -39.7	0.32	ND	NF	1825	0	2
1	A1/A1	R-407H	R-32/125/134a (32.5/15.0/52.5)	CH2F2 / CHF2-CF3 / CF3-CH2F (11)	79,099	42.03	0,300	-44,7 a -37,6	0,298	ND	NF	1495,13	0	2
1	A1 / A1	R-408A	R-125/143a/22 (7/46/47)	CF3CHF2+ CF3CH3+ CHClF2 (10; [illegible])	87.0	3.56	0.41	-44.6 a -44.1	0.33	ND	NF	3152	0.026	2
1	A1 / A1	R-409A	R-22/124/142b (60/25/15)	CHClF2+ CF3CHClF+ CH3CClF2 (10; [illegible])	97.5	3.98	0.16	-34.7 a -26.3	0.12	ND	NF	1 585	0.048	2
1	A1 / A1	R-409B	R-22/124/142b (65/25/10)	CHClF2+ CF3CHClF+ CH3CClF2 (10; [illegible])	96.7	3.95	0.17	-35.8 a -28.2	0.12	ND	NF	1 560	0.048	2

APÉNDICE 1 TABLA A. BOE Núm. 256 Jueves 24 de octubre de 2019 Sec. I. Pág. 116847

BOLETÍN OFICIAL DEL ESTADO

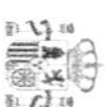

Núm. 256 Jueves 24 de octubre de 2019 Sec. I. Pág. 116848

Clasificación			DENOMINACIÓN				Límite Práctico	Punto de Ebullición	ATEL/ODL	Inflamabilidad				
Grupo L	Clase de seguridad	Nº de Refrigerante (2)	(composición = % peso)	Fórmula	Masa Molecular (3) kg/kmol	Densidad de vapor a 25ºC a 101,3 kPa kg/m³	(4) kg/m³	101,3 kPa (5) °C	(6) (kg/m³)	Temp. Autoignición °C	Límite inferior de inflamabilidad kg/m³	Potencial de calentamiento atmosférico (7) PCA 100	Potencial agotamiento de la capa de ozono (8) PAO	Clasif. según: (9) REP
1	A1 / A1	R-410A	R-32/125 (50/50	CH2F2+ CF3CHF2 (11)	72.6	2.97	0.44	-51.6 a -51.5	0.42	ND	NF	2088	0	2
1	A1 / A1	R-410B	R-32/125 (45/55)	CH2F2+ CF3CHF2 (11)	75.5	3.09	0.43	-51.5 a -51.4	0.43	ND	NF	2229	0	2
1	A1/A1	R[1)]	R-22/124/600 (50/47/3)	CHClF2+ CF3CHClF+ C4H10 (10;11)	102.7	X	0.45	-34.1	X	ND	NF	1 191.35	0.034	2
1	A1/A1	R[1)]	R-125/143a /290/22 (42/6/2/50)	CF3CHF2+ CF3CH3+ C3H8+ CHClF2 (10;11)	95.6	X	0.41	-45.6	X	ND	NF	2643.26	0.02	2
1	A1/A1	R-414A	R-22/124/600a/142b (51.0/28.5/4.0/16.5)	CHClF2+CF3CHClF+CH(CH3)3+ CH3CClF2 (10;11)	97.0	3.96	0.10	-33.2 a -24.7	0.10	ND	NF	1478	0.045	2
1	A1/A1	R-414B	R-22/124/600a/142b (50.0/39.0/1.5/9.5)	CHClF2+CF3CHClF+CH(CH3)3+ CH3CClF2 (10;11)	101.6	3.86	0.096	-33.2 a -24.7	0.096	ND	NF	1362	0.042	2
1	A1/A1	R-416A	R-134a/124/600 (59.0/39.5/1.5)	CF3CH2F+ CF3CHClF+ C4H10 (10;11)	111.9	4.58	0.064	-23.9 a -22.1	0.064	ND	NF	1084	0.009	2
1	A1/A1	R-417A	R-125/134a/600 (46.6/50.0/3.4)	CF3CHF2+ CF3CH2F+ C4H10 (11)	106.7	4.36	0.15	-38.0 a -32.9	0.057	ND	NF	2346	0	2
1	A/A1	R-417B	R-125/134a/600 (79.0/18.3/2,7)	CF3CHF2+ CF3CH2F+ C4H10 (11)	113,1	4.63	0.069	-44,9 a -41,5	0.069	ND	NF	3027	0	2
1	A1/A1	R-417C	R-125/134a/600 (19.5/78.8/1.7)	CF3CHF2+ CF3CH2F+ C4H10 (11)	103.7	4.24	0.087	-32.7 a -29.2	0.097	ND	NF	1809	0	2
1	A1/A1	R-119A	R-125/290/218 (86/5/9)	CF3CHF2+ C3H8+ C3F8(11)	113.9	1,18	0.49	-54	ND	ND	NF	3804.85	0	2
1	A1/A1	R-420A	R-134a/142b (88.0/12.0)	CF3CH2F+CClF2CH3 (10;11)	101.9	4.16	0.18	-24.9 a -24.2	0.18	ND	NF	1536	0.005	2
1	A1/A1	R-421A	R-125/134a (58.0/42.0)	CF3CHF2+CF3CH2F (11)	111.8	4.57	0.28	-40.8 a -35.5	0.28	ND	NF	2631	0	2
1	A1/A1	R-421B	R-125/134a (58/42)	CF3CHF2+CF3CH2F (11)	116.9	4.78	0.33	-45.7 a -42.6	0.33	ND	NF	3190	0	2
1	A1/A1	R-422A	R-125/134a/600a (85.1/11.5/3.4)	CF3CHF+CF3CH2F+ CH(CH3)3 (11)	113.6	4.65	0,29	-46.5 a -44.1	0.29	ND	NF	3143	0	2

APÉNDICE 1 TABLA A. BOE Núm. 256 Jueves 24 de octubre de 2019 Sec. I. Pág. 116848

BOLETÍN OFICIAL DEL ESTADO

Núm. 256 Jueves 24 de octubre de 2019 Sec. I. Pág. 116849

Clasificación: Grupo L	Clasificación: Clase de seguridad	Nº de Refrigerante (2)	DENOMINACIÓN (composición = % peso)	Fórmula	Masa Molecular (3) kg/kmol	Densidad de vapor a 25°C a 101,3 kPa kg/m³	Límite Práctico (4) kg/m³	Punto de Ebullición 101,3 kPa (5) °C	ATEL/ODL (6) (kg/m³)	Inflamabilidad: Temp. Autoignición °C	Inflamabilidad: Límite inferior de inflamabilidad kg/m³	Potencial de calentamiento atmosférico (7) PCA 100	Potencial agotamiento de la capa de ozono (8) PAO	Clasif. según: (9) REP
1	A1/A1	R-422B	R-125/134a/600a (55/42/3)	CF3CHF2+CF3CH2F+ CH(CH3)3 (11)	108.5	4.44	0.25	-40.5 a -35.6	0.25	ND	NF	2526	0	2
1	A1/A1	R-422C	R-125/134a/600a (82/15/3)	CF3CHF2+CF3CH2F+ CH(CH3)3 (11)	113.4	4.64	0.29	-45.3 a -42.3	0.29	ND	NF	3085	0	2
1	A1/A	R-422D(11)	R-125/134a/600a (65.1/31.5/3.4)	CF3CHF2+CF3CH2F+ CH(CH3)3(11)	109.9	4.49	0,26	-43.2 a -38.4	0.26	ND	NF	2729	0	2
1	A1/A1	R-422E	R-125/134a/600a (58.0/39.3/2.7)	CF3CHF2+CF3CH2F+ CH(CH3)3 (11)	109.3	4.47	0.26	-41.8 a -36.4	0.26	ND	NF	2592	0	2
1	A1/A1	R-423A	R-134a/227ea (52.5/47.5)	CF3CH2F+ CF3CHFCF3(11)	126.0	5.15	0.30	-24.2 a -23.5	0.30	ND	NF	2280	0	2
1	A1/A1	R-424A	R-125/134a/600a/600/601a (50,5/47.0/0,9/1.0/0,6)	CHF2CF3+CH2FCF3+C4H10 +C4H10+C5H12 (11)	108.4	4.43	0,10	-39,1 a -33,3	0.10	ND	NF	2440	0	2
1	A1/A1	R-425A	R-32/134a/227ea (18.5/69.5/12.0)	CH2F2+CF3CH2F+ CF3CHFCF3 (11)	90.3	3.69	0.27	-38.1 a -31.3	0.27	ND	NF	1505	0	2
1	A1/A1	R-426A	R-125/134a/600/601a (5,1/93.0/1,3/0.6)	CHF2CF3+ CH2FCF3+ C4H10+C5H12 (11)	101.6	4.16	0,083	-28,5 a -26.7	0.083	ND	NF	1508	0	2
1	A1/A1	R-427	R-32/ R-125/R-143a /R-134a (4,99/7,51/2,57/84,93)	CH2F2+ CF3CHF2+ CF3CH3+ CF3CH2F (11)	97,87	X	0,15	-33,09 a - 28,62	x	--	0,278	1622,91	0	1
1	A1/A1	R-427A	R-32/125/143a/134a (15/25/10/50)	CH2F2+CF3CHF2+CF3 CH3+CF3CH2F (11)	90,4	3.70	0,29	-43,0 a -36.3	0.29	ND	NF	2138	0	2
1	A1/A1	R-428A	R-125/143a/290/600a (77,5/20.0/0.6/1,9)	CHF2CF3+CH3CF3+ C3H8+C4H10 (11)	107,5	4.40	0,37	-48,3 a -47,5	0.37	ND	NF	3607	0	2
1	A1/A1	R-434A	R-125/143a/134a/600a (63,2/18.0/16.0/2,8)	CHF2CF3+CH3CF3+CH2FCF3+ C4H10 (11)	105,7	4.32	0,32	-45,0 a -42,3	0.32	ND	NF	3245	0	2
1	A1/A1	R-437A	R-125/134a/600/601 (19,5/78,5/1,4/0.6)	HF2CF3+CH2FCF3+CH(CH3)3+ CH3CH2CH2+CH2CH3 (11)	103.71	4.24	0,081	-32,9 a -29.2	0.081	ND	NF	1805	0	2
1	A1/A1	R(1)	R-125/218/134a (11/4/85)	CHF2CF3+C3F8+CF3CH2F (11)	105.72	4,48	0.27	-29.61 a -27.64	0.23	ND	NF	1953.7	0	2
1	A1/A1	R-438A	R-32/125/134a/600/601a (8.5/45.0/44.2/1.7/0.6)	CH2F2+ CHF2CF3+ CH2FCF3+ +CF3CH2F+C4H10+C5H12+CH3 CH2CH2CH2CH3 (11)	99.1	4.05	0.079	-43.0 a -36.4	0.079	ND	NF	2265	0	2
1	A1/A1	R-453A	R-32/125/134a/227ea/600/601a (20.0/20.0/53.8/5.0/0.6/0.6	CH2F2+ CHF2F3+CH2FCF3+ CF3CHFCF3+CH3(CH2)2CH3+ (CH3)2CH-CH2-CH3 (11)	88.4	3,69	0.14	-44.5 a -42.5	-42,52 a -34,98	ND	NF	1765.4	0	2

APÉNDICE 1 TABLA A. BOE Núm. 256 Jueves 24 de octubre de 2019 Sec. I. Pág. 116849

BOLETÍN OFICIAL DEL ESTADO

Núm. 256 Jueves 24 de octubre de 2019 Sec. I. Pág. 116850

Clasificación			DENOMINACIÓN						ATEL/ODL	Inflamabilidad				
Grupo L	Clase de seguridad	Nº de Refrigerante (2)	(composición = % peso)	Fórmula	Masa Molecular (3) kg/kmol	Densidad de vapor a 25°C a 101,3 kPa kg/m³	Límite Práctico (4) kg/m³	Punto de Ebullición 101,3 kPa (5) °C	(6) (kg/m³)	Temp. Auto-ignición °C	Límite inferior de inflamabilidad kg/m³	Potencial de calentamiento atmosférico (7) PCA 100	Potencial agotamiento de la capa de ozono (8) PAO	Clasif. según: (9) REP
1	A1/A1	R-442A	R-32/125/134a/152a/227a (31/31/30/3/5)	CH2F2+CHF2CF3+CH2FCF3+CH3CHF2+CF3CHFCF3 (11)	81.8	3.35	0.33	-52.7 a -46.5	0.33	ND	NF	1888	0	2
1	A1/A1	R-448A	R-32/125/1234yf/134a/1234ze(E) 26/26/20/21/7	CH2F2+CF3CHF2+CH2CFCF3+CF3CH2F+CHFCHCF3 (11)	86.28	3.58	0.388	-45.9 a -39.8	0.388	ND	NF	1387	0	2
1	A1/A1	R-449A	R-32/125/1234yf/134a (24.3/24.7/25.3/25.7)	CF2F2+CF3CHF2+CF3CFCH2+CF3CH2F (11)	87.21	3.62	0.357	-46.0 a -39.9	0.357	ND	NF	1397	0	2
1	A1/A1	R-450A	R-134a/1234ze(E) (42/58)	CF3CH2F+CF3CH=CHF (11)	108.67	4.54	0.319	-23.4 a -22.8	0.345	ND	NF	604.7	0	2
1	A1/A1	R-452A	R-32/125/1234yf (11/59/30)	CH2F2+CF3CHF2+CF3CFCH2 (11)	103.51	4.30	0.423	-47.0 a -43.2	0.423	ND	NF	2140	0	2
1	A1/A1	R(1)	R-134a/125/32/143a (84,93/7,51/4,99/2,57)	CF3CH2F+CF3CHF2+CH2F2+CF3CH3 (11)	97.87		0.15	-33,09 a -28,62		-	-	1444.47	0	2
1	A1/A1	R-464A	R-32/125/1234ze(E)/227ea (27/27/40/6)	CH2F2+CHF2CF3+CHFCHF3+CF3CHFCF3 (11)	88.27	3,618	0.321	-46,5 a -36,9	0.32	ND	NF	1291.12	0	2
1	A1/A1	R(1)	R-744/32/125/134a/1234ze(E)/227ea (11/11/11/4/56/7)	CO2+CH2F2+CHF2CF3+CH2FCF3+CHFCHCF3+CF3CHFCF3 (11)	88,93	3,64	0,25	-62,9 a -31,7	0,25	NF	NF	746	0	2
1	A1/A1	R(1)	R-744/32/125/134a/1234ze(E)/227ea (10/17/19/7/44/3)	CO2+CH2F2+CHF2CF3+CH2FCF3+CHFCHCF3+CF3CHFCF3 (11)	84,43	3,45	0,26	-62,7 a -35,6	0,26	NF	NF	980	0	2
2	A2L	R-32	Difluormetano	CH2F2 (11)	52	2,13	0,061	-52	0.30	648	0,307	675	0	1
2	A2L	R-143a	1,1,1-Trifluoretano	CF3CH3 (11)	84,0	3,44	0,048	-47	0,48	750	0,282	4470	0	1
2	A2L	R-1234yf	2,3,3,3Tetrafluorpropeno	CF3CF=CH2	114.0	4.66	0.058	-26	0.47	405	0.289	4	0	1
2	A2L	R1234ze(E)	Trans 1,3,3,3 Tetrafluorpropeno	CF3CH=CHF	114.0	4.66	0.061	-19	0.28	368	0.303	7	0	2
2	A2L	R-444A	R-32/152A/1234ze(E) 12/5/83	CH2F2+CH3CHF2+ CF3CH=CHF	96.70	4.03	0.065	-34.3 a -24.3	0.289	ND	0.324	93	0	1
2	A2L	R-444B	R-32/152A/1234ze (E) (41,5/10/48,5)	CH2F2+CH3CHF2+CF3CH=CHF(11)	72,8	3,02	0,055	-44.6 a -34.9	0,33	ND	0,276	295,9	0	1

APÉNDICE 1 TABLA A. BOE Núm. 256 Jueves 24 de octubre de 2019 Sec. I. Pág. 116850

BOLETÍN OFICIAL DEL ESTADO

Núm. 256 Jueves 24 de octubre de 2019 Sec. I. Pág. 116851

Clasificación			DENOMINACIÓN						ATEL/ODL	Inflamabilidad				
Grupo L	Clase de seguridad	Nº de Refrigerante (2)	(composición = % peso)	Fórmula	Masa Molecular (3) kg/kmol	Densidad de vapor a 25ºC a 101,3 kPa kg/m³	Límite Práctico (4) kg/m³	Punto de Ebullición 101,3 kPa (5) °C	(6) (kg/m³)	Temp. Autoignición °C	Límite inferior de inflamabilidad kg/m³	Potencial de calentamiento atmosférico (7) PCA 100	Potencial agotamiento de la capa de ozono (8) PAO	Clasif. según: (9) REP
2	A2L	R-445A	R-744/134a/1234ze (E) (6/9/85)	CO2+CF3CH2F+ CF3CH=CHF	103,10	4,29	0,053	-50,3 a -23,5	0,228	ND	0,266	134,7	0	1
2	A2L	R-446A	R-32/1234ze (e)/600 68/29/3	CH2F2+ CF3CH=CHF+C4H10 (11	62	2,6	0,031	-49,4 a -44,0	0,068	ND	0,157	461,2	0	1
2	A2L	R-447A	R-32/125/1234ze€ (68/3,5/28,5)	CH2F2+CF3CHF2+ CF3CH=CHF (11	63,04	2,61	0,034	-49,3 a -44,2	0,36	ND	0,168	583,5	0	1
2	A2L	R-451A	R-1234yf/134a (89,8/10,2)	CF3CF=CH2+ CF3CH2F	112,69	4,303	0,065	-30,8 a -30,5	0,462	ND	0,323	149,5	0	1
2	A2L	R-451B	R-1234yf/134a (88,8/11,2)	CF3CF=CH2+ CF3CH2F (11)	112,56	4,70	0,065	-31,0 a -30,6	0,461	ND	0,323	163,7	0	1
2	A2L	R-452B	R-32/125/1234yf (67.0/7.0/26.0)	CH2F2+CF3CHF2+CF3CFCH2 (11	63.5	2,63	0.062	-51,0 a -50,3	0,467	-	0.310	698.25	0	1
2	A2L	R-454A	R-32/1234yf (35.0/65.0)	CH2F2+CF3CFCH2 (11)	80.5	2,8	0.056	-48,4 a -41,6	0,46	-	0.278	238.89	0	1
2	A2L	R-454B	R-32/1234yf (68.9/31.1)	CH2F2+CF3CFCH2 (11)	62.6	2,2	0,061	-50,9 a -50,0	0,35	-	0,301	466.32	0	1
2	A2L	R-454C	R-32/1234yf (21.5/78.5)	CH2F2+CF3CFCH2 (11)	90,8	3.2	0.059	-46,0 a -37,8	0.44	-	0.291	148.27	0	1
2	A2L	R-455A	R-744/R-32/R-1234yf (3.0/21.5/75.5)	CO2+CH2F2+CF3CF=CH2 (11)	87.5	3,63	0.105	-51,6 a -39,1	0,414	ND	0.423	148.18	0	1
2	A2	R-141b	1,1-Dicloro-1-fluoretano	CCl2FCH3 (10;11)	117,0	4,78	0.053	32	0,012	532	NA	725	0,11	2
2	A2	R-142b	1-Cloro-1,1-difluoretano	CClF2CH3 (10;11)	100,5	4,11	0,049	-10	0,10	750	0.329	2310	0,065	1
2	A2	R-152a	1,1-Difluoretano	CHF2CH3	66,0	2,70	0.027	-25	0,14	455	0,130	124	0	1
2	A2	R-160	Cloruro de etilo	CH3CH2Cl	64,5	X	0.019	X	ND	510	0,095	ND	0	1
2	A2	R-512A	R-134a/152a (5/95)	CH2FCF3... CH3CH2F+CHF2CH3	67,2	2,75	0,025	-24	0,14	ND	0.124	189,3	0	1

cve: BOE-A-2019-15228
Verificable en http://www.boe.es

APÉNDICE 1 TABLA A. BOE Núm. 256 Jueves 24 de octubre de 2019 Sec. I. Pág. 116851

BOLETÍN OFICIAL DEL ESTADO

Núm. 256 Jueves 24 de octubre de 2019 Sec. I. Pág. 116852

Clasificación			DENOMINACIÓN	Fórmula	Masa Molecular (3)	Densidad de vapor a 25ºC a 101,3 kPa	Límite Práctico (4)	Punto de Ebullición 101,3 kPa (5)	ATEL/ODL (6)	Inflamabilidad		Potencial de calentamiento atmosférico	Potencial agotamiento de la capa de ozono	Clasif. según:
Grupo L	Clase de seguridad	Nº de Refrigerante (2)	(composición = % peso)		kg/kmol	kg/m³	kg/m³	°C	(kg/m³)	Temp. Autoignición °C	Límite inferior de inflamabilidad kg/m³	(7) PCA 100	(8) PAO	(9) REP
2	A1/A2	R-406A	R-22/600a/142b (55/4/41)	CHClF2+ CH(CH3)3+ CClF2CH3 (10;11)	89.9	3,68	0,13	-32,7 a -23,5	0,14	ND	0,302	1943	0,057	1
2	A1/A2	R-411A	R-1270/22/152a (1,5/87,5/11,0)	C3H6+CHClF2+ CHF2CH3 (10;11)	82,4	3,37	0.04	-39,6 a -37,1	0,074	ND	0,186	1597	0,048	1
2	A1/A2	R-411B	R-1270/22/152a (3/94/3)	C3H6+CHClF2+ CHF2CH3 (10;11)	83,1	3,40	0,05	-41,6 a -40,2	0,044	ND	0,239	1705	0,052	1
2	A1/A2	R-412A	R-22/218/142b (70/5/25)	CHClF2+C3F8+CClF2CH3 (10;11)	92,2	3,77	0,07	-36,5 a -28,9	0,17	ND	0,329	2286	0,055	1
2	A1/A2	R-413A	R-218/134a/600a ..(9/88/3)	C3F8+ CF3CH2F+ CH(CH3)3 (11)	103,9	4,25	0,08	-29,4 a -27,4	0,21	ND	0,375	2053	0	1
2	A1/A2	R-415A	R-22/152a (82/18)	CHClF2+CHF2CH3 (10;11)	81,9	3,35	0,04	-37,5 a -34,7	0,19	ND	0,188	1507	0,028	1
2	A1/A2	R-415B	R-22/152a .(25/75)	CHClF2+CHF2CH3 (10;11)	70,2	2,87	0,03	-23,4 a -21,8	0,15	ND	0,13	545,5	0,009	1
2	A1/A2	R-418A	R-290/22/152a 81,5/96,0/2,5)	C3H8+CHClF2+CHF2CH3 (10;11)	84,6	3,46	0,06	-41,7 a -40,0	0,20	ND	0,31	1741	0,033	1
2	A1/A2	R-419A	R-125/134a/E170 (77/19/4)	CF3CHF2+CF3CH2F+CH3OCH3 (11)	109,3	4,47	0,05	-42,6 a -35,9	0,31	ND	0,25	2967	0	1
2	A1/A2	R-419B	R-125/134a/E170 (48,5/48,0/3,5)	CF3CHF2+CF3CH2F+CH3OCH3 (11)	105,2	4,3	0,06	-37,4 a -31,5	0,26	ND	0,29	2384	0	1
2	A1/A2	R-439A	R-32/125/600a (50/47/3)	CH2F2+CF3CHF2+CH(CH3)3 (11)	71,2	2,91	0,061	-52,0 a -51,8	0.34	ND	0,304	1983	0	1
2	A1/A2	R-440A	R-290/134a/152a (0,6/1,6/97,8)	C3H8+CF3CH2F+CHF2CH3	66,2	2,71	0,025	-25,5 a -24,3	0,14	ND	0,124	144,2	0	1
2	A1/A2	R(1)	R-125/134a/152a/E170 .(67/15/15/3)	CF3CHF2+CF3CH2F+CHF2CH3+ CH3OCH3	108,45	X	0,094	-38,1 a -37,8	ND	ND	ND	2578.1	0	1
2	B1	R-21	Diclorofluormetano	CHCl2F (10)	103	X	0,1	8,92	ND	ND	NF	ND	0	1
2	B1	R-123	2,2-Dicloro-1,1,1-trifluoretano	CF3CHCl2 (10)	153,0	NA	0,1	27	0,057	730	NF	77	0,02	2
2	B1	R-245fa	1,1,1,3,3 Pentafluor propano	CF3CH2CHF2 (11)	134,0	5,48	0,19	15	0,19	ND	NF	1030	0	2
2	B1	R-764	Dióxido de azufre	SO2	64,1	X	0,0002 6	-10	ND	ND	NF	ND	0	1

cve: BOE-A-2019-15228
Verificable en http://www.boe.es

APÉNDICE 1 TABLA A. BOE Núm. 256 Jueves 24 de octubre de 2019 Sec. I. Pág. 116852

BOLETÍN OFICIAL DEL ESTADO

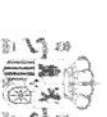

Núm. 256 Jueves 24 de octubre de 2019 Sec. I. Pág. 116853

Clasificación			DENOMINACIÓN				Límite Prác-tico	Punto de Ebulli-ción	ATEL/ODL	Inflamabilidad		Potencial de calenta-miento atmosférico	Potencial agota-miento de la capa de ozono	Clasif. según:
Grupo L	Clase de seguridad	Nº de Refrige-rante (2)	(composición = % peso)	Fórmula	Masa Molecular (3) kg/kmol	Densi-dad de vapor a 25ºC a 101,3 kPa kg/m³	(4) kg/m³	101,3 kPa (5) °C	(6) (kg/m³)	Temp. Auto-ignición °C	Límite inferior de inflama-bilidad kg/m³	(7) PCA 100	(8) PAO	(9) REP
2	B2L	R-717	Amoniaco	NH3	17,0	0,700	0,00035	-33	0,00022	630	0,116	0	0	1
2	B2	R-30	Diclorometano (cloruro de metileno)	CH2Cl2 (10)	84,9	3,47	0,017	40	ND	662	0,417	9	ND	2
2	B2	R-40	Cloruro de metilo	CH3Cl (10)	50,5	X	0,021	-24	ND	625	0,147	ND	0	1
2	B2	R-611	Formiato de metilo	C2H[illegible]O2	60	X	0,012	31,2	ND	456	0,123	ND	0	1
2	B2	R-1130	1,2-Dicloroetileno	CHCl = CHCl	96,9	X	ND		ND	458	0,246	ND	0	1
3	A3	R-50	Metano	CH4	16,0	0,654	0,006	-161	ND	645	0,032	25	0	1
3	A3	R-170	Etano	C2H[illegible]	30,0	1,23	0,0086	-89	0,0086	515	0,038	6	0	1
3	A3	R-290	Propano	C3H[illegible]	44,0	1,80	0,008	-42	0,09	470	0,038	3	0	1
3	A3	R-600	Butano	C4H[illegible]0	58,1	2,38	0,0089	0	0,0024	365	0,038	4	0	1
3	A3	R-600a	2 Metilpropano (Isobutano)	CH(CH3)3	58,1	2,38	0,011	-12	0,059	460	0,043	3	0	1
3	A3	R-601	Pentano	C5H[illegible]0	72,1	2,95	0,008	36	0,0029	ND	0,035	5	0	1
3	A3	R-601a	2 Metilbutano (Isopentano)	(CH3)2CHCH2CH3	72,1	2,95	0,008	27	0,0029	ND	0,038	5	0	1
3	A3	R-1150	Etileno	CH2 = CH2	28,1	1,15	0,006	-104	ND	425	0,036	4	0	1
3	A3	R-1270	Propileno	CH3CH=CH2	42,1	1,72	0,008	-48	0,0017	455	0,046	2	0	1
3	A3	R-E170	Dimetiléter	CH3OCH3	46	1,88	0,013	-25	0,079	235	0,064	1	0	1
3	A3	R-510A	R-E170/600a (88/12)	C2H[illegible]O+CH(CH3)3	47,25	1,93	0,011	-25,1	0,087	ND	0,056	1,2	0	1
3	A3	R-511A	R-290/E170 (95/5)	CH3[illegible]8+C2H6O	44,2	1,81	0,008	-42	0,092	ND	0,038	2,9	0	1
3	A3/A3	R-429A	R-E170/152a/600a (60/10/30)	C2H[illegible]O+CHF2CH3+CH(CH3)3	50,8	2,08	0,098	-26,0 a -25,6	0,098	ND	0,052	13,9	0	1
3	A3/A3	R-430A	R-152a/600a (76/24)	CHF2CH3+CH(CH3)3	64	2,61	0,1	-27,6 a -27,6	0,10	ND	0,084	95	0	1

cve: BOE-A-2019-15228
Verificable en http://www.boe.es

APÉNDICE 1 TABLA A. BOE Núm. 256 Jueves 24 de octubre de 2019 Sec. I. Pág. 116853

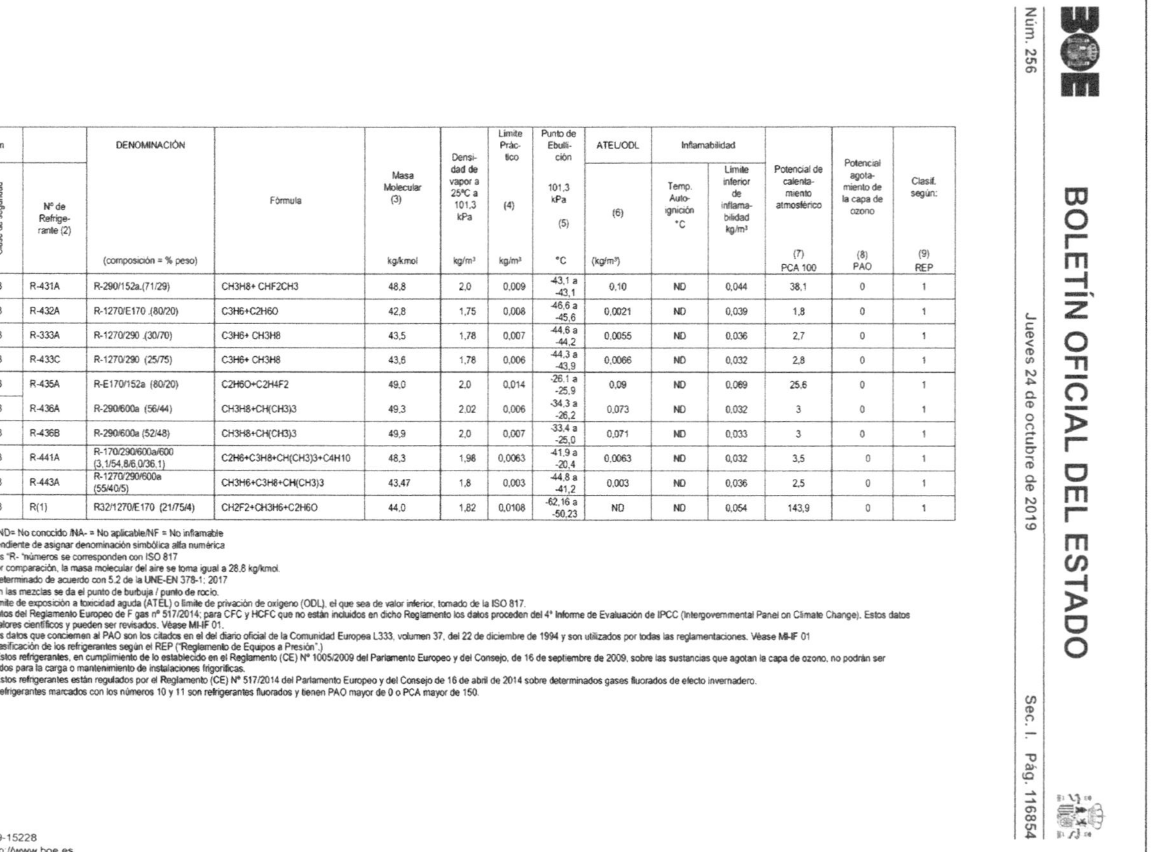

BOLETÍN OFICIAL DEL ESTADO
Núm. 256 Jueves 24 de octubre de 2019 Sec. I. Pág. 116854

Clasificación: Grupo L	Clasificación: Clase de seguridad	Nº de Refrigerante (2)	DENOMINACIÓN (composición = % peso)	Fórmula	Masa Molecular (3) kg/kmol	Densidad de vapor a 25ºC a 101,3 kPa kg/m³	Límite Práctico (4) kg/m³	Punto de Ebullición 101,3 kPa (5) °C	ATEL/ODL (6) (kg/m³)	Inflamabilidad: Temp. Auto-ignición °C	Inflamabilidad: Límite inferior de inflamabilidad kg/m³	Potencial de calentamiento atmosférico (7) PCA 100	Potencial agotamiento de la capa de ozono (8) PAO	Clasif. según: (9) REP
3	A3/A3	R-431A	R-290/152a.(71/29)	CH3H8+ CHF2CH3	48,8	2,0	0,009	-43,1 a -43,1	0,10	ND	0,044	38,1	0	1
3	A3/A3	R-432A	R-1270/E170 .(80/20)	C3H6+C2H6O	42,8	1,75	0,008	-46,6 a -45,6	0,0021	ND	0,039	1,8	0	1
3	A3/A3	R-333A	R-1270/290 .(30/70)	C3H6+ CH3H8	43,5	1,78	0,007	-44,6 a -44,2	0,0055	ND	0,036	2,7	0	1
3	A3/A3	R-433C	R-1270/290 (25/75)	C3H6+ CH3H8	43,6	1,78	0,006	-44,3 a -43,9	0,0066	ND	0,032	2,8	0	1
3	A3/A3	R-435A	R-E170/152a (80/20)	C2H6O+C2H4F2	49,0	2,0	0,014	-26,1 a -25,9	0,09	ND	0,069	25,6	0	1
3	A3/A3	R-436A	R-290/600a (56/44)	CH3H8+CH(CH3)3	49,3	2,02	0,006	-34,3 a -26,2	0,073	ND	0,032	3	0	1
3	A3/A3	R-436B	R-290/600a (52/48)	CH3H8+CH(CH3)3	49,9	2,0	0,007	-33,4 a -25,0	0,071	ND	0,033	3	0	1
3	A3/A3	R-441A	R-170/290/600a/600 (3,1/54,8/6,0/36,1)	C2H6+C3H8+CH(CH3)3+C4H10	48,3	1,98	0,0063	-41,9 a -20,4	0,0063	ND	0,032	3,5	0	1
3	A3/A3	R-443A	R-1270/290/600a (55/40/5)	CH3H6+C3H8+CH(CH3)3	43,47	1,8	0,003	-44,8 a -41,2	0,003	ND	0,036	2,5	0	1
3	A3/A3	R(1)	R32/1270/E170 (21/75/4)	CH2F2+CH3H6+C2H6O	44,0	1,82	0,0108	-62,16 a -50,23	ND	ND	0,054	143,9	0	1

ND= No concocido /NA- = No aplicable/NF = No inflamable
(1) Pendiente de asignar denominación simbólica alfa numérica
(2) Los "R- "números se corresponden con ISO 817
(3) Por comparación, la masa molecular del aire se toma igual a 28,8 kg/kmol.
(4) Determinado de acuerdo con 5.2 de la UNE-EN 378-1: 2017
(5) En las mezclas se da el punto de burbuja / punto de rocío.
(6) Límite de exposición a toxicidad aguda (ATEL) o límite de privación de oxígeno (ODL), el que sea de valor inferior, tomado de la ISO 817.
(7) Datos del Reglamento Europeo de F gas nº 517/2014; para CFC y HCFC que no están incluidos en dicho Reglamento los datos proceden del 4° Informe de Evaluación de IPCC (Intergovernmental Panel on Climate Change). Estos datos son valores científicos y pueden ser revisados. Véase MI-IF 01.
(8) Los datos que conciernen al PAO son los citados en el del diario oficial de la Comunidad Europea L333, volumen 37, del 22 de diciembre de 1994 y son utilizados por todas las reglamentaciones. Véase MI-IF 01
(9) Clasificación de los refrigerantes según el REP ("Reglamento de Equipos a Presión".)
(10) Estos refrigerantes, en cumplimiento de lo establecido en el Reglamento (CE) Nº 1005/2009 del Parlamento Europeo y del Consejo, de 16 de septiembre de 2009, sobre las sustancias que agotan la capa de ozono, no podrán ser utilizados para la carga o mantenimiento de instalaciones frigoríficas.
(11) Estos refrigerantes están regulados por el Reglamento (CE) Nº 517/2014 del Parlamento Europeo y del Consejo de 16 de abril de 2014 sobre determinados gases fluorados de efecto invernadero.
Los Refrigerantes marcados con los números 10 y 11 son refrigerantes fluorados y tienen PAO mayor de 0 o PCA mayor de 150.

cve: BOE-A-2019-15228
Verificable en http://www.boe.es

APÉNDICE 1 TABLA A. BOE Núm. 256 Jueves 24 de octubre de 2019 Sec. I. Pág. 116854

En la tabla anterior puede observarse que los refrigerantes se agrupan en series numéricas, cuya composición se resume a continuación:

	Compuestos incluidos en cada serie numérica
Serie 000	Compuestos basados en el metano
Serie 100	Compuestos basados en el etano
Serie 200	Compuestos basados en el propano
Serie 300	Compuestos orgánico cíclico
Serie 400	Fluidos zeotrópicos
Serie 500	Fluidos azeotrópicos
Serie 600	Compuestos orgánicos no incluidos en las demás series
Serie 700	Compuestos inorgánicos
Serie 1000	Compuestos orgánicos insaturados

Aplicación práctica

Utilice la tabla de clasificación de los refrigerantes mostrada anteriormente para ordenar los siguientes elementos refrigerantes, de mayor a menor seguridad para las personas: R-114, R-600 y R-717.

SOLUCIÓN

En función de la toxicidad e inflamabilidad de cada refrigerante, se puede comprobar que, el R- 114 pertenece a grupo A1, el R-600 al grupo A3 y el R-717 al grupo B2L.

En la tabla anterior de clasificación de los refrigerantes se puede comprobar en qué grupo de seguridad está cada refrigerante. Se puede observar que la inflamabilidad aumenta de arriba hacia abajo, y la toxicidad de izquierda a derecha, y se crean tres grupos, L1 de alta seguridad, L2 de media seguridad y L3 de baja seguridad. Los refrigerantes categorizados como A1 pertenecen al grupo de seguridad L1, los refrigerantes B2L pertenecen al grupo L2 y los refrigerantes A3 al grupo L3.

Según lo explicado, los refrigerantes expuestos se ordenan de menor a mayor de la siguiente manera:

R-414 – R-717 – R-600

2.3. Codificación

Los refrigerantes pueden expresarse, en lugar de hacerlo por su fórmula o por su denominación química, mediante la denominación simbólica alfanumérica adoptada internacionalmente y establecida en la instrucción IF 02, titulada "clasificación de los refrigerantes (fluidos frigorígenos)", tal y como se explica a continuación:

a. La primera letra que aparece a la izquierda es una R, lo que indica que se trata de un refrigerante.
b. En los compuestos que no tengan bromo en su composición, el primer número situado a la derecha indica la cantidad de átomos de flúor que contiene una molécula del compuesto.
c. El penúltimo número indica el número de átomos de hidrógeno más uno que contiene una molécula del compuesto.
d. El antepenúltimo número hace referencia al número de átomos de carbono menos uno que contiene la molécula de dicho compuesto. Si este número fuese cero, no aparecerá en la denominación del compuesto.
e. En la fórmula del compuesto, los enlaces que queden libres al unirse los átomos que compongan la molécula, serán completados con átomos de cloro.
f. Cuando la molécula contenga átomos de bromo, además de lo explicado en los puntos anteriores, se añadirá a la derecha una B mayúscula seguida del número de átomos de bromo de la molécula.
g. La denominación de los derivados cíclicos se iniciará con una C mayúscula a la izquierda del número del refrigerante. En lo demás se expresará como la regla general.
h. Cuando se trate de compuestos isómeros, se tomará como referencia el más simétrico, no apareciendo ninguna letra después de los números. Según aumente la asimetría de los mismos, se colocarán las letras a, b, c.
i. En los compuestos no saturados, se pondrá el número 1 en la posición de la cuarta cifra por la derecha. Para lo demás, se seguirán las reglas anteriores.
j. Para denominar a los refrigerantes compuestos por mezclas azeótropas, se usarán las denominaciones de sus componentes, colocando entre paréntesis el porcentaje en peso que supone cada uno de ellos en la

composición. Así mismo, se enumerarán con respecto a la temperatura de ebullición de menor a mayor, tomando estos valores a la presión de 1.013 bar absolutos (1 atmósfera).

k. En la nomenclatura de las mezclas zeotrópicas de refrigerantes se usa la denominación de sus componentes, colocando entre paréntesis el porcentaje en peso que supone cada uno de ellos en la composición. Así mismo se enumerarán con respecto a su temperatura de ebullición de menor a mayor, tomando estos valores a la presión de 1.013 bar absolutos (1 atmósfera). Estas mezclas también se nombran por un número arbitrario de gases de la serie 400. Para diferenciar mezclas zeotrópicas compuestas por los mismos componentes, pero en diferentes proporciones, se usarán las letras A, B, C...

l. Los refrigerantes de los compuestos inorgánicos se identificarán con un número resultante de añadir a 700 los pesos moleculares de dichos compuestos. Para distinguir refrigerantes inorgánicos que tengan los mismos pesos moleculares, se utilizarán las letras A, B, C...

Ejemplo

En el refrigerante R - 134a:

R indica Refrigerante

1 corresponde al número de átomos de carbono menos 1, por lo que el número de átomos de carbono de la fórmula será 1 + 1 = 2

3 corresponde al número de átomos de hidrógeno más 1, por lo que el número de átomos de hidrógeno de la fórmula será 3 - 1 = 2

4 corresponde al número de átomos de flúor por lo que el número de átomos de flúor de la fórmula será 4

a indica que es un Isómero del 134 (disposición de los átomos diferente)

Con lo que la fórmula que corresponde a este refrigerante será: $C_2 H_2 F_4$.

Nota

Estas mezclas también se nombran por un número arbitrario de gases de la serie 500.

Aplicación práctica

La fórmula química de un refrigerante es CH2F2, ¿a qué refrigerante corresponde?

SOLUCIÓN

En esta fórmula se observa:

- Que no hay dobles enlaces, por lo que se omitirá este número.
- Que hay un átomo de carbono, luego, en el nombre del refrigerante, el dígito que lo representa será 1-1 = 0, que no se incluirá.
- Que hay dos átomos de hidrógeno, con lo que en el nombre del refrigerante el dígito será 2 + 1 = 3
- Que no hay átomos de cloro.
- Que hay dos átomos de flúor y en el nombre de refrigerante el dígito que utilizaremos será 2.
- Que no hay átomos de bromo ni de yodo.

La designación del refrigerante será R-32.

3. Generalidades

La problemática más importante que vienen arrastrando los fluidos frigorígenos utilizados para refrigeración, ha sido la destrucción de la capa de ozono a causa del cloro que contenían los refrigerantes de origen halógeno, como los CFCs (Clorofluorocarbonos) y los HCFCs (Hidroclorofluorocarbonos), utilizados tanto en los sistemas de refrigeración como en procesos industriales. Además de la destrucción de la capa de ozono, los CFC también contribuyen al calentamiento global al absorber la radiación infrarroja por el efecto invernadero.

Nota

Los CFC son compuestos procedentes del metano, etano o propano por sustitución parcial o total de los átomos de hidrógeno por átomos de cloro y flúor.

Los CFC contienen flúor y cloro en su molécula. Dejaron de utilizarse en la UE a finales de 1994.

3.1. Formación y destrucción de la capa de ozono

En las figuras que se muestran a continuación se explica la formación y destrucción de la capa de ozono a través del efecto que produce el cloro en las moléculas de ozono que forman la capa.

- **Paso 1.** El primer paso es la formación del ozono en la atmósfera, los átomos de oxígeno libre (O), se unen a las moléculas de oxígeno (O_2), formando el ozono (O_3).

Composición del ozono

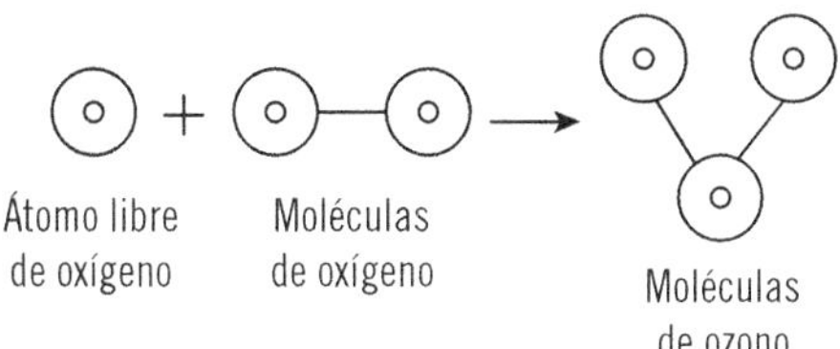

- **Paso 2.** Al liberar fluido frigorígeno (CFC) a la atmósfera, las moléculas de refrigerante por el efecto de los rayos ultravioleta liberan átomos de cloro de la molécula.

Átomo libre de cloro

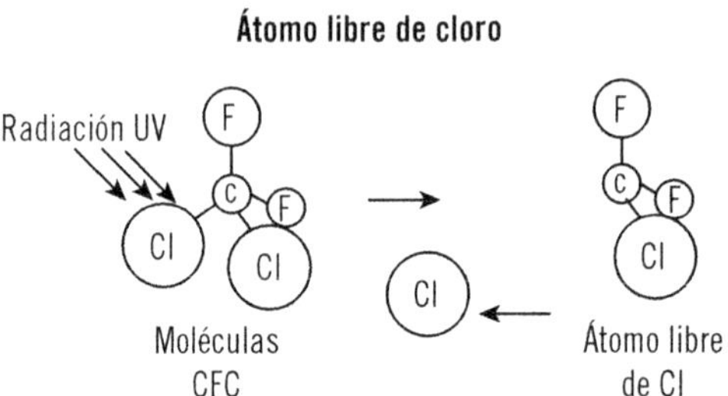

- **Paso 3.** El átomo de cloro liberado se une a la molécula de ozono formando una molécula de oxígeno y otra de monóxido de cloro.

Formación de moléculas

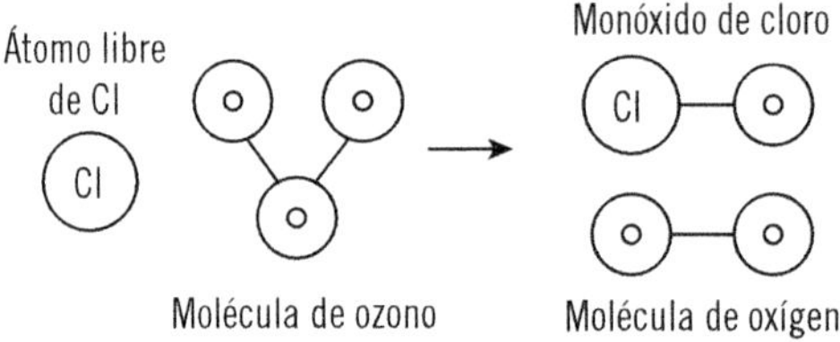

- **Paso 4.** Las moléculas de monóxido de cloro son más afines por los átomos de oxígeno libres que por las moléculas de oxígeno (lo que haría que se regenerara el ozono), por lo que cuando se unen el átomo de cloro se vuelve a liberar, para volver a destruir más moléculas de ozono.

Átomo libre de cloro

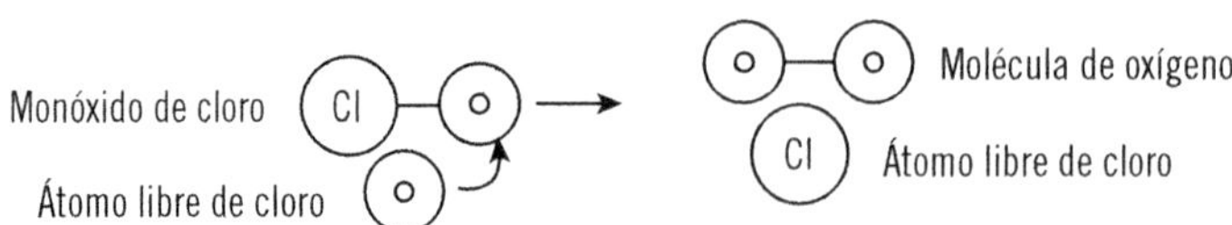

Además de la destrucción de la capa de ozono, los gases refrigerantes también contribuyen al calentamiento global, ya que favorecen el efecto invernadero, al quedarse las moléculas de refrigerante en la atmósfera durante años.

Seguidamente se realizará en recorrido histórico con los hitos más relevantes relacionados con los fluidos frigorígenos y su daño a la capa de ozono.

3.2. Hechos históricos para los gases refrigerantes y la capa de ozono

En el siglo XIX comienzan a crearse los primeros gases refrigerantes, pero la gran mayoría eran tóxicos o perjudiciales para la salud de las personas. En 1930 químicos de la empresa DuPont desarrollaron los refrigerantes halogenados, que eran perfectos para la refrigeración por su seguridad, no toxicidad, no inflamabilidad, bajo costo y fácil manejo, entre otras ventajas.

Nota

La empresa DuPont destaca por el desarrollo de biomateriales, alternativa biológica para productos que se fabrican en la industria química a partir de derivados del petróleo.

En 1974, científicos americanos descubrieron por casualidad que el cloro destruye las moléculas de ozono de la atmósfera que son vitales para la vida humana (y prácticamente el 95 % de las instalaciones de refrigeración contenían CFCs como fluidos frigorígenos en sus instalaciones).

Más tarde, en 1987, fue acordado el Protocolo de Montreal relativo a las sustancias que agotan la capa de ozono. Este protocolo estableció los primeros acuerdos internacionales para la reducción de las materias que afectan a la capa de ozono. El tratado fue firmado el 16 de septiembre de 1987 y entró en vigor el 1 de enero de 1989.

Hasta 1997 se revisó varias veces el Protocolo de Montreal, en las que se aceleraron las reducciones y se adecuó la producción de HCFCs para hacerlos más respetuosos con el medioambiente. En dicho año, con motivo de los 10 años del Protocolo de Montreal, se acordó la Enmienda de Montreal para reducir la producción de HCFCs.

Nota

Este convenio ha logrado en 38 años reducir en un 95 % las sustancias perjudiciales para la capa de ozono, fundamentalmente los CFC, estando prohibida su venta desde octubre del 2000.

En 2014 se redacta un reglamento europeo que va a ser el encargado de fijar las directrices con respecto a la fabricación y uso de los gases refrigerantes en Europa, y que va a limitar el poder contaminante de estos.

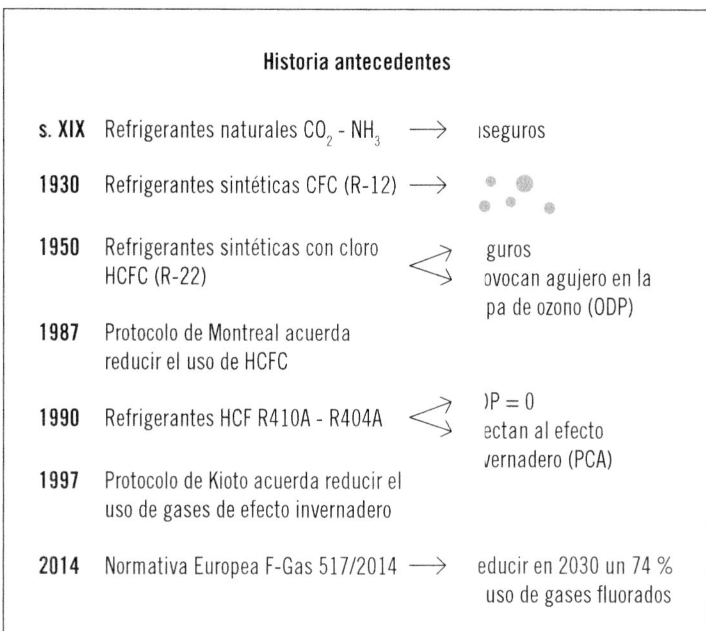

El Reglamento (UE) Reglamento (UE) 2024/573 del Parlamento Europeo y del Consejo, de 7 de febrero de 2024, sobre los gases fluorados de efecto invernadero, fija los plazos a seguir para reducir considerablemente el efecto invernadero que producen los gases refrigerantes. Las cantidades de HFC se reducirán progresivamente para alcanzar una reducción del 90 % para 2050 en comparación con el año 2015.

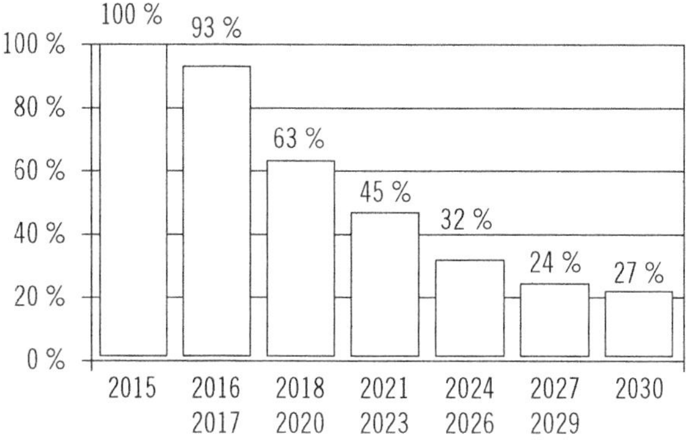

El 1 de enero de 2020 el Reglamento F-Gas prohibió la comercialización de una serie de refrigerantes debido a su alto Potencial de Calentamiento Atmosférico (PCA), que aumenta el efecto invernadero sobre el planeta.

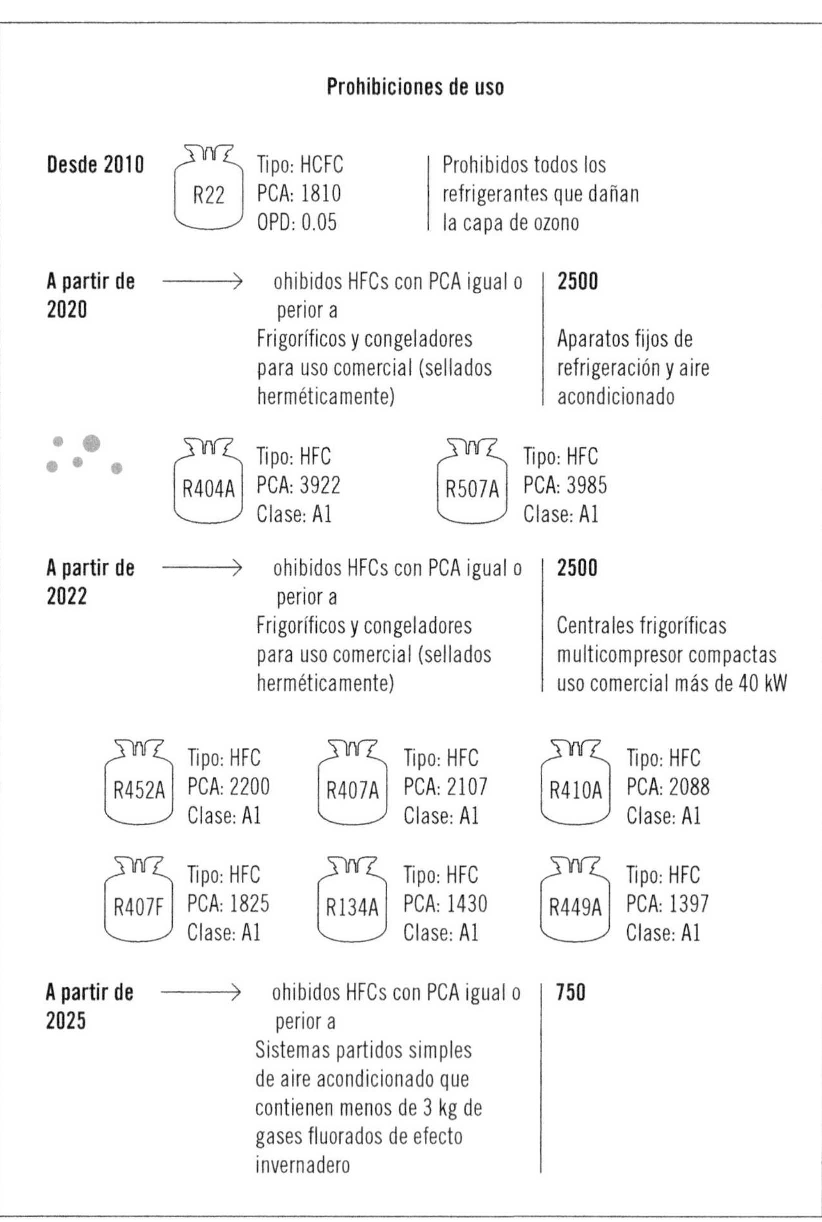

Las empresas fabricantes de gases refrigerantes están innovando mediante el desarrollo de gases nuevos para la industria frigorífica con un PCA bastante menor para que no provoque el tan dañino efecto invernadero.

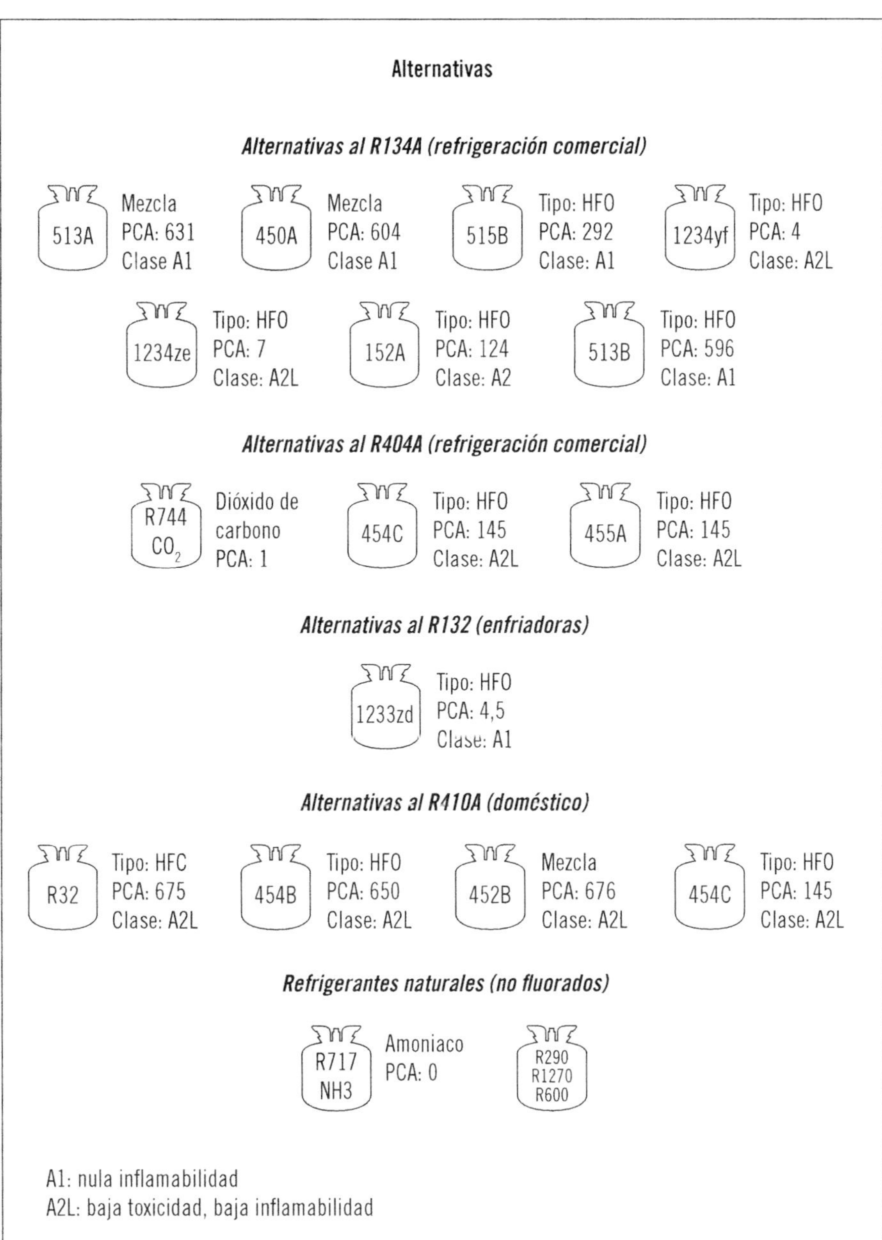

3.3. Índices de impacto sobre el medioambiente

El impacto más claro de los refrigerantes es la destrucción de la capa de ozono, pero además también son causantes del efecto invernadero, para ello se utilizan diferentes índices como el TEWI *(Total Equivalent Warming Impact),* o el PCA (Potencial Calentamiento Atmosférico) y el PAO (Potencial Agotamiento de Ozono).

- **TEWI *(Total Equivalent Warming Impact):*** es un parámetro utilizado para evaluar el calentamiento atmosférico producido durante la vida de un sistema de refrigeración, englobando la contribución directa de las emisiones del refrigerante a la atmósfera con la contribución indirecta de las emisiones de dióxido de carbono resultantes de consumo energético del sistema de refrigeración durante su periodo de vida útil.
  No es un parámetro específico de los refrigerantes, sino que es de todo el sistema de climatización, pero se calcula a través del PCA de cada refrigerante y el peso del refrigerante que se use para la instalación es muy importante.
- **PAO (Potencial de Agotamiento de la capa de Ozono):** parámetro adimensional que mide el potencial de agotamiento de la capa de ozono estratosférico, de la unidad de masa de una sustancia en relación con la del R-11, que se adopta como unidad. Mide el daño que un refrigerante puede hacer en la capa de ozono. Al evaluar el ODP de un refrigerante no solo se tiene en cuenta su composición química, sino también su vida media estimada. Se le asigna al R-11, con tres átomos de Cloro (Cl), que tomamos como referencia, un ODP=1 y al resto de refrigerantes un valor proporcional a este en función del número de átomos de Cl que contenga. Cualquier refrigerante que no contenga Cl posee un ODP=0.
- **PCA (Potencial de Calentamiento Atmosférico):** parámetro que mide el potencial de calentamiento atmosférico producido por un kilo de toda sustancia emitida a la atmósfera, en relación con el efecto producido por un kilo de dióxido de carbono, CO_2, que se toma como referencia, sobre un tiempo de integración dado.

Nota

Hay que hacer una observación importante con respecto a los HFCs, ya que aunque tienen un coeficiente PAO nulo, poseen un PCA prácticamente igual que los HCFCs, lo que lleva a plantear si los refrigerantes de origen halógeno son en realidad la solución definitiva.

Sabía que...

El tiempo de integración que se suele utilizar es de 100 años y se indica con PCA 100.

En la tabla siguiente se observan los índices de PAO y PCA de algunos refrigerantes:

Refrigerante	PAO	PCA
	CFC	
R-11	1	4750
R-12	1	10900
R-502	0,33	4657
	HCFC	
R-22	0,055	1810
R-123	0,02	77
R-142b	0,065	2310

Continúa en página siguiente >>

<< Viene de página anterior

HFC		
R-32	0	675
R-134a	0	1430
R-407C	0	1774
R-410A	0	2088
HC y otros refrigerantes		
R-600, butano	0	4
R-717, amoniaco	0	0
R-744, CO_2	0	1
R-718, agua	0	0

4. Características y propiedades

No existe un refrigerante ideal, pero para cada instalación hay un frigorígeno, que reúne un mayor número de cualidades, que lo convierten en el más adecuado para la instalación a la que va destinado.

4.1. Características

Los refrigerantes deben reunir una serie de características físico-químicas y termodinámicas que hagan seguro su uso.

Características físico-químicas

Ente las características físico-químicas se encuentran:

- Toxicidad.
- Inflamabilidad.
- Explosividad.
- Posibilidad de detección de fugas.

Estas particularidades van a permitir conocer el grado de seguridad que ofrecen para las personas encargadas de su manejo y para las instalaciones. Los refrigerantes no deben ser tóxicos, ni venenosos, ni explosivos. Deben ser estables, no dañar la capa de ozono ni contribuir al efecto invernadero.

Posibilidad de detección de fugas

Existen refrigerantes que tienen olores característicos y fácilmente reconocibles, como sucede por ejemplo con el amoniaco. Sin embargo, los refrigerantes halogenados no desprenden ningún olor por lo que tradicionalmente, para localizar sus fugas, se han usado detectores de halógenos basados en una placa de cobre al rojo o en una llama que en contacto con el refrigerante cambiaba de color (al reaccionar con el cloro).

Los HFCs no contienen cloro, por lo que los aparatos tradicionales para detectar fugas no resultan eficaces. Actualmente se utilizan detectores de tipo electrónico que incorporan un **espectrofotómetro** que se puede calibrar para distintos refrigerantes, ya que estos tienen diferente longitud de onda.

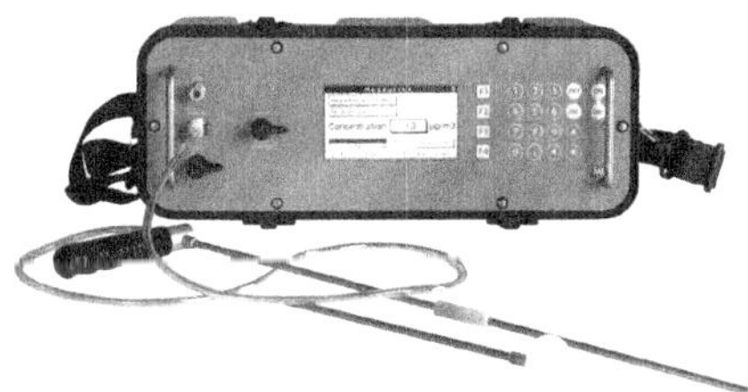

Detector de fugas de refrigerantes con espectrofotómetro

Definición

Espectrofotómetro
Instrumento usado en la física óptica que sirve para medir, en función de la longitud de onda, la relación entre los valores de una misma magnitud fotométrica relativos a dos haces de radiaciones.

Características termodinámicas

Son características termodinámicas:

- Temperatura de ebullición.
- Temperatura de congelación.
- Temperatura crítica.
- Presión de condensación.

Temperatura de ebullición

Es una característica fundamental del refrigerante y está directamente relacionada con la temperatura ambiente donde esté situado el evaporador. Debe ser baja para que, aún operando a presiones positivas, se pueda tener una temperatura reducida en el evaporador. Hay que asegurarse siempre que la presión de trabajo sea superior a la atmosférica para evitar la entrada de aire y facilitar la detección de fugas.

Ejemplo

Los puntos de ebullición de algunos fluidos frigorígenos a una presión de 1,013 bar, son:

- R-12: -29 ºC.
- R-134a: -26,2 ºC
- R-507A: -46,7 ºC
- R-508B: -88,3 ºC
- R-407A: -45,2 a -38,7 ºC
- R-410B: -51,5 a -51,4 ºC

Nota

En las mezclas zeotrópicas y azeotrópicas existe el fenómeno del deslizamiento que consiste en la diferencia de temperatura entre el comienzo de la ebullición y la desaparición de la fase líquida.

Temperatura de congelación

Interesa que sea lo más baja posible, y más aún que la temperatura del evaporador, ya que no se puede utilizar un refrigerante que se congele a la temperatura de trabajo de este.

Temperatura crítica

Debe ser elevada, ya que, si fuera baja, se incrementaría la presión en el condensador y sería necesario utilizar un condensador con gran superficie de intercambio.

Presión de condensación

Debe ser lo suficientemente baja para que determine la robustez del compresor y del condensador.

4.2. Propiedades

En cuanto a las propiedades que se tendrán en cuenta a la hora de elegir un tipo de refrigerante u otro, se enumeran las siguientes:

- Volumen específico.
- Caudal másico.
- Solubilidad en agua.
- Solubilidad en aceite.

Volumen específico

Se entiende como el volumen ocupado por unidad de masa de un material. En concreto, para fluidos refrigerantes el volumen específico que interesa es el del vapor del refrigerante, que será el que determine la capacidad del compresor.

Recuerde

El refrigerante debe tener un volumen específico bajo en la fase de vapor, y un volumen específico alto en la fase líquida.

Caudal másico

Para el cálculo de la potencia frigorífica se debe conocer su caudal másico, entendido este como la cantidad de materia (refrigerante) existente dentro del circuito. El caudal másico del refrigerante depende de la presión y entalpía del mismo, en cada parte del sistema, ya sea en el evaporador o en condensador, que son las partes del sistema donde se producen los cambios de estado.

Definición

Presión
Fuerza que actúa sobre una superficie.

Entalpía
Es la cantidad de energía que un sistema puede intercambiar con su entorno.

Solubilidad en agua

Los refrigerantes como el R-134a, R-407C y el R-410A, presentan una afinidad muy elevada por el agua. Esto significa que son capaces de absorber la humedad del ambiente, y que esta humedad se puede introducir dentro del circuito, generando un grave problema porque el agua reacciona con los aceites a base de éster y forman ácidos que dañan los bobinados de los motores. Para evitar que exista humedad en el circuito debe hacerse un vacío en la instalación antes de cargarla de fluido frigorígeno. Los gases refrigerantes con baja solubilidad presentan menos problemas en las instalaciones que los que tienen gran solubilidad.

Definición

Ésteres

Son compuestos orgánicos en los cuales un grupo orgánico alquilo (simbolizado por R') reemplaza a un átomo de hidrógeno (o más de uno) de un ácido oxigenado.

Solubilidad en aceite

La miscibilidad es una propiedad muy importante. El fluido frigorígeno debe ser completamente miscible con el aceite refrigerante para asegurar que este sea arrastrado por el circuito frigorífico, retornando al cárter del compresor. El aceite es la sustancia que lubrifica las partes en movimiento del compresor, y si la miscibilidad no es buena, el compresor puede quedarse sin aceite provocando un fallo que deje fuera de servicio la instalación.

La miscibilidad varía con el estado del fluido frigorígeno siendo buena cuando el refrigerante está en estado líquido, y mala cuando está en estado vapor.

5. Control de pureza

Al respecto de la calidad de los refrigerantes, el reglamento de seguridad para instalaciones frigoríficas indica en la IF-02 lo siguiente:

> *Los distribuidores-fabricantes de refrigerantes deberán suministrar junto al refrigerante, el certificado de calidad del mismo acreditativo de su composición química concreta, así como su ficha de seguridad.*

Según esto, es este certificado de calidad suministrado por el distribuidor-fabricante es el documento que garantiza que la composición química del frigorígeno es la que debe ser. También deben facilitar la ficha de seguridad de cada refrigerante, donde se especifican los diversos riesgos que entrañan su manejo.

Al considerar la pureza de un refrigerante hay que tener presente que se debe mantener su composición química y su estabilidad, la influencia que tenga sobre la duración del compresor y la del resto del sistema, su comportamiento termodinámico, y el control del sistema de refrigeración, de manera que los contenidos en agua, sulfuros y componentes reactivos, se encuentren por debajo de los niveles de garantía para estos productos.

Si se piensa que el refrigerante puede contener humedad, deben tomarse muestras y comprobar que esta no está presente, ya que puede ocasionar graves problemas en el compresor y en elementos del circuito frigorífico.

En los refrigerantes formados por mezclas debe verificarse que la composición del fluido no ha cambiado, sobre todo después de una fuga en la que puede descomponerse la mezcla, ya que el frigorígeno no mantendrá las propiedades originales.

6. Seguridad en el manejo, almacenamiento y distribución conforme a normativa y reglamentos vigentes

Los refrigerantes son productos potencialmente peligrosos que se presentan en recipientes a presión, y cuyo manejo puede provocar accidentes de trabajo. Por eso en su manipulación, transporte y almacenaje habrá que tener presente lo que indiquen los diferentes reglamentos aplicables según las circunstancias del sistema y del trabajo.

En este apartado se tomará como referencia el Real Decreto 552/2019 por el que se aprueban el Reglamento de seguridad para instalaciones frigoríficas y sus instrucciones técnicas complementarias. También se tendrán en cuenta la ITC MIE APQ-5 y la ITC MIE APQ-10 del Reglamento de almacenamiento de productos químicos, Real Decreto 656/2017 y el Real Decreto 115/2017 por el que se regula, entre otras, la comercialización y manipulación de gases fluorados y equipos basados en los mismos.

6.1. Seguridad en la manipulación

Los fluidos frigorígenos siempre serán manipulados por personal profesional habilitado de las empresas frigoristas, que estarán autorizados para realizar operaciones de recuperación, limpieza y reutilización de refrigerantes, evitándose cualquier peligro a personas o bienes, así como su emisión a la atmósfera.

En el manual de instrucciones de la instalación se incluirán las indicaciones relativas a la manipulación del refrigerante y los riesgos asociados a dicha actividad.

Las empresas frigoristas deberán llevar un registro normalizado informatizado en el que se reflejarán todas las operaciones realizadas con fluidos frigorígenos, y se entregará anualmente al órgano competente de la comunidad autónoma. El registro deberá contener los siguientes apartados:

a. Fecha de la operación.
b. Tipo de operación realizada: adquisición, cesión, carga del sistema, recuperación, entrega a gestor.

c. Tipo y cantidad de refrigerante.
d. Persona competente responsable de la operación.
e. Distribuidor, empresa frigorista, instalación, o gestor de residuos autorizado, según proceda en función del tipo de operación.
f. Número de factura o contrato.

Toda operación será registrada en las 24 horas siguientes a haberse realizado.

La forma en la que se manipule el refrigerante deberá decidirse antes de comenzar a trabajar con él, de manera que las pérdidas de fluido que se produzcan sean mínimas. Antes de realizar cualquier operación con envases de refrigerantes, se deben efectuar pruebas de presión y de estanqueidad en el circuito para comprobar que no hay fugas y que funciona todo perfectamente, procurando no emitir refrigerante a la atmósfera y si no se pueden evitar, intentar que sean las menos posibles. Si se tiene que realizar cualquier operación de carga, recuperación, limpieza o reutilización de frigorígeno se tendrán en cuenta algunas consideraciones:

- Nunca debe conectarse un envase a una línea frigorífica que tenga mayor presión que el envase ni a tuberías con refrigerante líquido cuya presión sea suficiente para provocar retorno del refrigerante hacia el envase, ya que el retorno del fluido puede provocar errores de carga y sobrellenado del envase, con una elevación de la presión que haga estallar el recipiente o abrirse la válvula de seguridad en caso de que la hubiera.
- El refrigerante que se introduzca en el sistema deberá ser medido en masa o volumen, mediante **balanza o dispositivo de carga volumétrica,** aparatos analíticos preparados específicamente para medir dichos parámetros. Antes de introducir cualquier tipo de refrigerante en un sistema debe comprobarse que el contenido del envase es el mismo a introducir, ya que una carga de sustancias equivocadas puede ocasionar accidentes.

Cilindro de carga

Balanza electrónica

- Los envases refrigerantes, no se deben golpear, ni dejar caer, ni exponer a radiaciones térmicas durante el llenado o el vaciado de la instalación.

En cualquier manipulación se debe tener presente el Real Decreto 773/1997, de 30 de mayo, sobre disposiciones mínimas de seguridad y salud relativas a la utilización por los trabajadores de equipos de protección individual. En el caso de las instalaciones frigoríficas, frente a la posibilidad de quemaduras por congelación al entrar en contacto con refrigerantes líquidos, deberá recurrirse al uso de protección para ojos, cara, manos, pies y piernas en función de la cantidad y tipo de refrigerante utilizado.

Nota

Tras la finalización del llenado o vaciado del sistema, el envase de fluido frigorígeno deberá retirarse.

6.2. Seguridad en el transporte

Según establece el Reglamento de seguridad para instalaciones frigoríficas en su IF-1:

> *Los refrigerantes tanto vírgenes como recuperados podrán ser transportados por las empresas frigoristas. Dicho transporte se realizará de forma segura.*

También se indica que para la realización de dicho transporte deberán cumplirse todos los requisitos legales que se establezcan, lo que incluye su registro, la obtención de permisos, etc.

Los fluidos frigorígenos serán transportados siempre por personal autorizado, por una agencia de transporte de residuos acreditada, o por empresas frigoristas.

Los refrigerantes, al ser gases a presión, son considerados mercancía peligrosa y deben transportarse siguiendo el reglamento de transporte de mercancías peligrosas por carretera. En este reglamento se identifica cada sustancia con un número ONU, y se asigna a una clase dependiendo del tipo de sustancia.

La gran mayoría de los gases que se emplean en refrigeración son materiales de la clase 2 que comprende los gases no inflamables, con algunas excepciones como por ejemplo el butano y el nitrógeno, que son gases utilizados en refrigeración, y que son inflamables y tóxicos respectivamente.

Definición

Clase
Grupos en los que pueden clasificarse las mercancías peligrosas, en función de sus características y tipo de peligrosidad, en el ADR (Acuerdo Europeo sobre Transporte de Mercancías Peligrosas por Carretera).

Los refrigerantes deben transportarse en recipientes homologados, debidamente etiquetados y acompañados de una serie de documentación (carta de porte, instrucciones escritas, etc.) en la que se indica el tipo de materia, la cantidad, el modelo de envase y otra información necesaria para el transporte.

Según el Acuerdo Europeo sobre Transportes de Mercancías Peligrosas por Carretera, se requieren una serie de documentos específicos relativos al conductor, la mercancía y al propio vehículo que deben ir a bordo este. Dichos documentos son:

- Carta de porte.
- Instrucciones escritas.
- Certificado de autorización del vehículo.
- Certificado de formación para el conductor del vehículo.
- Copia de cualquier excepción.
- Otros documentos.

No siempre son necesarios todos los documentos, dependiendo de la cantidad transportada, tipo de vehículo, etc.

Estos documentos serán entregados al personal correspondiente en caso de accidente, o cualquier anomalía en el transporte para una rápida actuación de los profesionales encargados de actuar en este ámbito (policía, bomberos, personal sanitario, etc.).

La carta de porte es un documento en el que se consignan al menos los datos siguientes:

- El número ONU precedido de las letras "UN".
- La designación oficial de transporte.
- El número y la descripción de los bultos.
- El peso neto de las mercancías.
- El nombre y la dirección del expedidor.
- El nombre y dirección del destinatario.

Todos los refrigerantes que se comercializan están considerados a efectos del Acuerdo Europeo sobre Transportes, como gases licuados de baja presión. Cada refrigerante tiene un código característico.

En previsión de cualquier posible incidente o accidente que pueda sobrevenir durante el transporte, se deberá entregar al conductor las **instrucciones escritas** necesarias acordes a la mercancía transportada:

- La denominación de la materia.
- La clase.
- El n.º ONU. Número de cuatro cifras asignado por la Unión Europea que permite la identificación del producto.
- La naturaleza del peligro presentado por la materia así como las medidas a adoptar por el conductor y los equipos de protección individual que debe utilizar.
- Las precauciones de orden general a tomar.
- Las medidas suplementarias que deban adoptarse para hacer frente a fugas o derramas.
- Las disposiciones especiales que deban adoptarse llegado el caso.
- El equipo necesario para la aplicación de las medidas suplementarias y/o especiales.

6.3. Seguridad en el almacenaje

Según establece el Real Decreto 552/2019 y sus instrucciones técnicas complementarias, el almacenaje de los fluidos frigorígenos se realizará de forma segura en lugares apropiados, frescos, sin riesgo de incendio, protegidos de la radiación solar y de cualquier fuente directa de calor. Las empresas frigoristas podrán almacenar hasta un máximo de 6 meses los refrigerantes recuperados para su entrega a gestores autorizados.

Siempre que no se utilice un envase, este debe permanecer con su válvula cerrada y protegida por un capuchón roscado. Los envases se deben manipular de manera cuidadosa para evitar daños mecánicos. Mientras permanezcan en la zona de almacenaje, los envases deben estar fijados sólidamente con el fin de evitar una caída.

Envases de refrigeración

Definición

Gestor de residuos autorizado

Sociedad, pública o privada, que solicita a la administración correspondiente una Autorización Ambiental Integrada con el objetivo de hacerse cargo de la recogida, clasificación, tratamiento o reexpedición de unos residuos determinados (LER), autorizada por el órgano competente, concretamente Medio Ambiente.

Se prohíbe el almacenamiento en la sala de máquinas de elementos ajenos a la instalación frigorífica. La cantidad máxima de refrigerante que puede ser almacenado en la sala de máquinas es el 20 % de la carga total de la instalación, con un máximo de 150 kg.

7. Resumen

Los fluidos frigorígenos se usan en las instalaciones de refrigeración para absorber calor a bajas temperaturas y presión y para cederlo a presión y temperaturas elevadas, generalmente con cambios de estado.

Los refrigerantes se denominarán o expresarán por su fórmula o por su denominación química, o si procede, por su denominación simbólica alfanumérica.

Según su composición puede distinguirse entre compuestos puros y mezclas que pueden ser azeotrópicas y zeotrópicas.

Los refrigerantes se clasifican en grupos de seguridad L1, L2 y L3, que están basados en su toxicidad (categoría A o B) y en su inflamabilidad (categoría 1, 2 o 3) que poseen.

Los refrigerantes usados en los equipos de climatización y en los procesos de refrigeración y atmósferas controladas afectan de manera directa al medioambiente provocando un alto impacto medioambiental. Existen normativas y acuerdos internacionales que buscan reducir este impacto medioambiental que producen especialmente las fugas de refrigerante.

Para medir el daño que producen los gases refrigerantes en el medioambiente se utilizan varios índices, como son el TEWI, PAO o PCA que miden los efectos que producen o pueden producir dichas sustancias al medioambiente.

Hay que tener en cuenta la normativa vigente para que el manejo, transporte y almacenamiento de los refrigerantes se realice de forma segura, tanto para quienes están trabajando con ellos (usar los equipos de protección necesarios, seguir las instrucciones dadas en el manual de la instalación, etc.) como para la atmósfera, no expulsando refrigerante a la misma.

Ejercicios de repaso y autoevaluación

1. **Seleccione un sinónimo de fluido frigorígeno:**

   a. Aceite frigorífico.
   b. Refrigerante.
   c. Hidrocarburo fluorado.
   d. Halógeno.

2. **¿Qué fluido frigorígeno es una mezcla zeotrópica?**

   a. R-134a
   b. R-502
   c. R-410
   d. R-717

3. **¿Cuántos átomos de hidrógeno tiene el R-134a?**

   a. 2
   b. 1
   c. 3
   d. 4

4. **Indique si es verdadera o falsa la siguiente afirmación:**

   a. Las mezclas de refrigerantes están constituidas por varios refrigerantes puros que no reaccionan entre sí. Estas mezclas pueden ser de dos tipos, zeotrópicas y azeotrópicas.

      ☐ Verdadera
      ☐ Falsa

5. **Complete el siguiente texto:**

   La clasificación de las ________________ de refrigerantes, cuya inflamabilidad y ______________ pueden variar debido a cambios de ________________por fraccionamiento, se les asignará una doble ___________ de grupo separada por una barra oblicua.

6. Enumere 4 de las características más importantes de los gases refrigerantes.

1. Toxicidad.
2. Inflamabilidad.
3. Explosividad.
4. Posibilidad de detección de fugas.
5. Temperatura de ebullición.
6. Temperatura de congelación.
7. Temperatura crítica.
8. Presión de condensación.

7. El PAO mide...

a. ... la concentración media de refrigerante permitida en un recinto cerrado.
b. ... el potencial de agotamiento de la capa de ozono.
c. ... el límite de inflamabilidad del fluido frigorígeno.
d. ... el potencial de recalentamiento del planeta.

8. El PCA mide...

a. ... la concentración media de refrigerante permitida en un recinto cerrado.
b. ... el daño que el fluido frigorígeno hace a la capa de ozono.
c. ... el límite de inflamabilidad del fluido frigorígeno.
d. ... el potencial de calentamiento atmosférico del planeta.

9. Al realizar cualquier operación con fluidos frigorígenos se debe tener en cuenta...

a. ... el refrigerante que se introduzca en el sistema debe ser medido.
b. ... los envases se deben poner al sol para que el fluido entre mejor en el equipo.
c. ... tras la finalización de llenado o vaciado del sistema se debe retirar el envase de fluido frigorígeno.
d. Las opciones a y c son correctas.

10. Los fluidos frigorígenos siempre serán manipulados por:

a. Personal profesional habilitado en plantilla.
b. Personal frigorista de la empresa.
c. Fontanero contratado por obra y servicio.
d. Mozo de almacén.

Capítulo 2

Aceites refrigerantes

Contenido

1. Introducción
2. Función
3. Tipos
4. Características
5. Miscibilidad con el refrigerante
6. Resumen

1. Introducción

En el presente capítulo se describirán las características de los aceites refrigerantes que son los encargados de eliminar la fricción que se produce en el deslizamiento de los órganos móviles en las instalaciones de climatización y ventilación-extracción, como puede ser el compresor. Son parte fundamental en el funcionamiento de este tipo de dispositivos, ya que cualquier fallo en su elección, o su falta durante el funcionamiento, puede ocasionar desperfectos irreversibles que pueden llevar a la necesidad de la sustitución de prácticamente todos los componentes.

Cualquier manipulación de aceite que deba realizarse en una instalación, deberá hacerse siguiendo las especificaciones técnicas del fabricante del aceite, tomando las medidas de precaución y cumpliendo las normas de seguridad correspondientes.

Un correcto mantenimiento de los niveles de aceite proporcionará una seguridad óptima.

2. Función

El aceite para refrigeración es un tipo especial de lubricante que se utiliza en estos sistemas, siendo su principal función la de engrasar las superficies, generalmente metálicas, que están en movimiento entre sí, sin que afecten a su labor las variaciones de presión y temperatura que va a soportar durante todo el ciclo de funcionamiento de la instalación. Esta función se llama lubricación, o lubrificación.

Los lubricantes son los encargados de reducir el coeficiente de fricción o rozamiento entre las dos superficies.

Definición

Lubricación
Efecto que se produce al interponer una fina película de sustancia lubricante entre dos superficies que rozan en su movimiento relativo.

La siguiente figura representa dos superficies con un desplazamiento relativo de una sobre otra fija.

Superficie de rozamiento

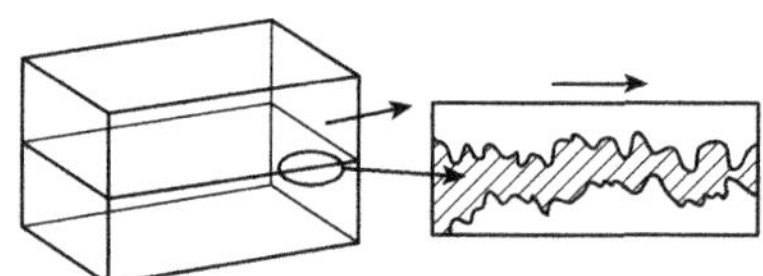

Definición

Coeficiente de fricción o rozamiento
Expresa la oposición al movimiento que ofrecen las superficies de dos cuerpos en contacto.

La fricción entre dos superficies puede dar lugar a dos tipos de rozamiento:

- **Directo:** cuando entre las dos superficies no hay ninguna sustancia y el contacto es total.
- **Indirecto:** cuando entre las dos superficies existe alguna sustancia que impide el contacto total entre ellas.

El rozamiento indirecto se considera ideal porque evita el contacto directo de las dos superficies al interponer la película de aceite ente ellas. El coeficiente de rozamiento se reduce llegando a no depender de la naturaleza de estas, sino únicamente de las características de la sustancia lubricante y de la velocidad entre ambas.

Aunque el mecanizado de las zonas sea muy bueno y aún cuando las dos en movimiento parezcan a simple vista totalmente lisas y suaves, un examen minucioso al microscopio revelaría asperezas con picos y valles, como se aprecia en las siguientes figuras.

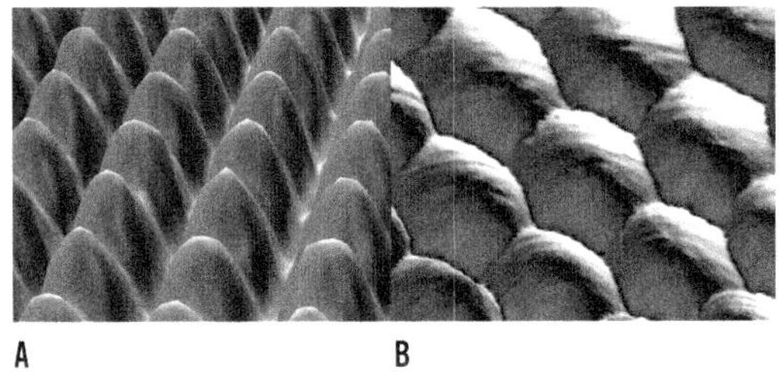

A B

Vista al microscopio de superficies de níquel (A) y platino (B)

Estas irregularidades atraviesan y rompen la película de lubricante produciendo el contacto. Para reducir estos efectos habrá que añadir aceite para que se forme una capa que pueda cubrir esas asperezas, de tal forma que las dos superficies en movimiento se desplacen flotando en él. La lubricación es perfecta cuando las dos áreas no están en contacto e imperfecta si existe algún rozamiento parcial entre ambas.

Es muy importante tener en cuenta a la hora de engrasar, la presión que existe entre las partes ya que, si esta es muy grande y la película de lubricante es pequeña, puede expulsarlo produciéndose el indeseado contacto directo. En la siguiente figura se muestra cómo se distribuye la película de aceite refrigerante entre las zonas en movimiento.

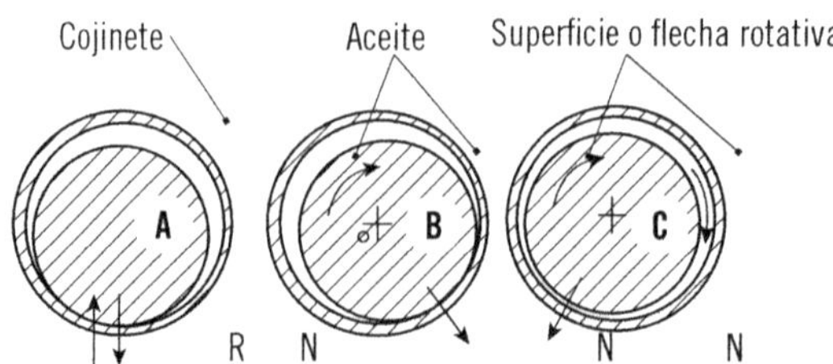

A. Las dos superficies metálicas sin movimiento. Se ha desplazado el aceite refrigerante y están en contacto. Las letras N y R hacen referencia a las fuerzas "normal" y de "rozamiento" que existen entre ambas superficies en reposo.
B. Comienza el movimiento entre las dos superficies. El lubricante penetra entre ellas, eliminándose la fuerza de rozamiento que existe entre ambas.
C. Debido a que el aceite se adhiere a las dos partes, la rotación arrastra al aceite, separando las dos zonas, la de la flecha rotativa y el cojinete. La flecha en rotación actúa como bomba de aceite, causando una muy alta presión en el área que soporta la carga, creando una película de aceite que ocasiona la completa separación entre la flecha y el cojinete, haciendo que esta flote en el aceite.

Nota

El engrase es el conjunto de operaciones para que el lubricante llegue a todos los puntos necesarios. En la práctica, tanto lubricación como engrase se utilizan como sinónimos.

Definición

Flecha rotativa
Superficie cilíndrica en movimiento en contacto con el cojinete.

Importante

Es fundamental conocer las especificaciones del fabricante respecto a las características y necesidades del lubricante que se va a utilizar, para evitar mezclar productos incompatibles, ya que esto puede provocar problemas, deterioros o afectar a sus cualidades.

Alguna de las consecuencias que causa el rozamiento en las superficies son: aumento de su temperatura, desgaste, incremento del consumo energético, etc. Eliminando esta fricción, se consigue eliminar estos efectos que en climatización pueden provocan daños irreversibles en el compresor. Así, los lubricantes remueven el calor y lo transportan al exterior, reducen el consumo energético, facilitan el movimiento relativo de las piezas reduciendo el desgaste, evitan la corrosión de estas, etc.

Aplicación práctica

En la puesta en marcha de una instalación de climatización, no se ha tenido en cuenta si en el cárter del compresor había aceite o no. ¿Qué consecuencias puede ocasionar?

SOLUCIÓN

Si el equipo comienza a funcionar y la cantidad de aceite no es suficiente, se produciría un mayor rozamiento entre las partes móviles del compresor, aumentando su temperatura y provocando el gripado del mismo.

Nota

En un equipo de climatización hay que tener en cuenta también la lubricación de los cojinetes, de los ejes, de los motores, de las bombas y de los ventiladores, además de los compresores.

3. Tipos

Los aceites refrigerantes que se utilizan en las instalaciones de climatización y de ventilación-extracción son los minerales o los sintéticos.

Nota

Los aceites de origen animal y vegetal son inestables y tienen tendencia a formar ácidos, gomas y otras impurezas, además se congelan fácilmente, por lo que no son adecuados para su uso en los equipos de refrigeración.

3.1. Lubricantes minerales

Los aceites minerales (MO) son productos derivados del petróleo. Se obtienen en las refinerías después de múltiples procesos, y se les añaden aditivos que dan como resultado un lubricante apto para ser usado en instalaciones de aire acondicionado y refrigeración.

La composición del petróleo bruto varía según su procedencia, y esto hace que se obtengan diferentes aceites que se pueden clasificar en tres tipos: con base parafínica, nafténica y aromáticas.

La fracción aromática del refrigerante baja la viscosidad y aumenta la capacidad de disolverse con este y la parafinica mejora el engrase. En la actualidad estos últimos no se emplean en refrigeración, y los aromáticos tienden a disminuir su uso.

Los aceites minerales más utilizados son los que tienen la base nafténica, ya que sus propiedades y estabilidad son mejores que en los otros dos grupos. Fluyen mejor a bajas temperaturas, conservan mejor la viscosidad y son más estables química y térmicamente que los aceites aromáticos. También se comportan mejor que los parafínicos cuando trabajan a bajas temperaturas creando menos depósitos de ceras.

Los aceites minerales son los que más se han utilizado y se utilizan en los sistemas de climatización con refrigerantes halogenados del tipo HCFCs.

Sabía que...

Los lubricantes minerales empleados en los orígenes de la refrigeración por compresión mecánica eran medianamente tolerantes a la presencia de humedad.

3.2. Lubricantes sintéticos

A diferencia de los lubricantes minerales que se obtienen destilando el petróleo, los aceites sintéticos se logran únicamente por síntesis química, ya que no existen en la naturaleza.

Una de las grandes ventajas de estos es que, al ser fabricados con un fin concreto, tienen una estructura molecular definida. Esta estructura hace que puedan predecirse sus propiedades, puesto que han sido desarrollados para cubrir las necesidades impuestas por los nuevos refrigerantes. Destacan las siguientes propiedades: miscibilidad, resistencia a las altas y bajas temperaturas, excelente poder de lubricación y estar totalmente libres de ceras. Se pueden distinguir los tipos de lubricantes sintéticos que se describen a continuación.

Alquibencénicos (AB)

Cuentan con una cadena bencénica que los hace muy adecuados para ser usados con gases refrigerantes halogenados HCFC, por su gran solubilidad, aunque la relación entre viscosidad y temperatura no es buena.

Los alquibencénicos pueden mezclarse con aceites minerales.

Polialquilglicoles (PAG)

Son desarrollados en primera generación para los refrigerantes alternativos HFCs. Absorben rápidamente la humedad. Tienen un buen índice de fluidez a bajas temperaturas y un elevado índice de viscosidad. Sus propiedades lubricantes son mejores que las de los polioléteres, pero son mucho más higroscópicos, por lo que deben mantenerse en un recipiente cerrado. No son miscibles con los aceites minerales formando dos capas bien diferenciadas.

Polioléster (POE)

Se obtienen a partir de la reacción de esterificación de productos de origen vegetal, tales como alcoholes y ácidos grasos de origen vegetal. Pueden emplearse con cualquier tipo de refrigerante, menos con amoniaco. Son aceites de segunda generación, menos higroscópicos que los PAG, aunque con un elevado índice higroscópico. Su viscosidad es elevada. Presentan gran resistencia a las altas temperaturas y son muy biodegradables. Compatibles con los restos de los aceites minerales y con los alquilbencénicos.

Nota

Los alcoholes son hidrocarburos saturados, o alcanos que contienen un grupo hidroxilo (-OH) en sustitución de un átomo de hidrógeno enlazado de forma covalente.

Definición

Ácido graso
Biomolécula orgánica de naturaleza lipídica formada por una larga cadena hidrocarbonada lineal, de número par de átomos de carbono, en cuyo extremo hay un grupo carboxilo.

El gran problema de los aceites sintéticos POE y PAG, es su capacidad de absorción de la humedad, higroscopicidad. Mientras los aceites minerales y alquibencénicos tienen un nivel de saturación de la humedad del orden de 100 ppm (0 y 200 ppm respectivamente), los aceites POE están rondando las 1.000 ppm, y los PAG 10.000 ppm.

Esto significa que se deben tomar muchas precauciones a la hora de cualquier manipulación. Cuando se abra un recipiente sellado de lubricante tipo polioléster, debe utilizarse de inmediato todo su contenido vaciándolo en el interior del sistema sin pérdida de tiempo, y proceder a la evacuación del sistema rápidamente, ya que simplemente el contacto del lubricante con el aire atmosférico hace que sus niveles de humedad aumenten por encima de los valores tolerables para el sistema de refrigeración.

Definición

Esterificación

Es el proceso por el cual se sintetiza un éster mediante la unión de un ácido y un alcohol o un fenol.

Sabía que...

Los aceites POE aun siendo diseñados químicamente, tienen un grado de degradación de casi el 100 %, por lo que no rompen con el equilibrio ecológico.

Aplicación práctica

Tras cargar una instalación con aceite POE, queda un resto sobrante que se llevará al almacén en su recipiente original. Al mes surge otra carga en la que el aceite es del mismo tipo que el que sobró. Al retirar el envase, se observa que la tapadera tiene una fisura. ¿Se podrá utilizar el aceite de este envase para la nueva carga? ¿Qué consecuencias puede tener su uso para la instalación?

SOLUCIÓN

No se debe utilizar el aceite sobrante, ya que los aceites POE son muy higroscópicos y en un mes abierto habrá cogido mucha humedad del ambiente. Antes de utilizarlo habría que asegurarse de que se hayan dejado bien tapados los envases y en un lugar seco.

La introducción de humedad en el circuito es muy negativa para la instalación, ya que el POE reacciona con el agua produciendo ácidos y óxidos en el interior provocando graves problemas de corrosión, e incluso las partículas de agua podrían congelarse en el evaporador y provocar la rotura del mismo.

4. Características

Para poder cumplir las condiciones de trabajo, los aceites refrigerantes utilizados como lubricantes, deben reunir unas cualidades y características especiales:

- Ser perfectamente miscibles, de manera que la proporción de aceite transportado por el refrigerante a lo largo del sistema de refrigeración, permanezca unido a este y retorne al compresor.
- Soportar las bajas temperaturas, sobre todo en su paso por el evaporador.
- Tener un punto de floculación bajo.
- Poseer una baja absorción por el agua para no modificar sus cualidades o producir compuestos extraños.
- Mantener estable la viscosidad para las diferentes condiciones de trabajo, como los cambios de temperatura que afectarán a su fluidez, propiedades lubricantes, y a la capacidad de mantener la estanqueidad entre las partes de alta y baja presión existentes en la maquinaria.
- Ser un excelente lubricante a todas las temperaturas (sobre todo a altas) y en todos los órganos del sistema.
- Debe permanecer inalterable en un amplio rango de temperaturas.
- Tener una larga vida sin deteriorarse.

Importante

Antes de la utilización de un determinado aceite hay que tener en cuenta las características especificadas por el fabricante de la máquina y las propias del aceite refrigerante.

A continuación, se explican las principales características que servirán para comparar o analizar diferentes aceites.

Viscosidad

Es la propiedad que tienen los fluidos de oposición a las deformaciones tangenciales debido al pequeño rozamiento existente entre capas adyacentes del líquido. Esta cualidad se manifiesta solamente en sustancias en movimiento, ya que en reposo no podrían actuar las fuerzas tangenciales. A mayor viscosidad mayor será la fricción entre las capas.

Esta característica es propia de los líquidos y gases, pero en el caso de estos últimos el efecto es insignificante debido a que se comportan de forma parecida a los fluidos ideales.

Definición

Fluidos ideales
Son aquellos de viscosidad nula, incompresibles y que se deforman al ser sometidos a tensiones cortantes, aunque estas sean muy pequeñas.

Esta propiedad es útil para diferenciar *a priori* entre aceite espeso, si es muy viscoso, o ligero, si lo es poco. Si es demasiado denso o muy espeso, puede no llegar bien a los puntos que debe lubricar, y si es poco viscoso se esparcirá con facilidad disminuyendo su efecto de lubricación.

Al escoger un aceite refrigerante, la viscosidad es uno de lo aspectos más importantes, ya que hay que asegurarse que conserve sus propiedades en todo el circuito frigorífico. Para ello se debe tener en cuenta el índice de viscosidad que presente.

Definición

Índice de viscosidad

Con este índice se mide la variación de la densidad en relación con la temperatura. De forma general, la viscosidad aumenta al disminuir la temperatura y, al contrario.

Algunos ejemplos de índices deseados son los siguientes:

Índice de viscosidad de aceites refrigerantes	
Aceites	**Índice de viscosidad**
Aceites nafténicos sin aditivos	60-65
Aceites parafínicos sin aditivos	90
Aceites sintéticos sin aditivos	150
Aceites sintéticos con aditivos	220

Punto de congelación aparente

Llamado también de fluidez es la temperatura a la cual el aceite deja de correr totalmente (congelación).

Los aceites utilizados en los sistemas de refrigeración tienen que tener un punto de congelación inferior a la temperatura más baja del circuito frigorífico, especialmente a la del evaporador que es donde más desciende, y donde se tiene que asegurar el retorno al compresor de manera fluida.

Punto de escurrimiento

Está relacionado con el de congelación. Se define como la temperatura más baja a la que el aceite puede fluir (escurrimiento). Por definición el punto de escurrimiento se encuentra 3 °C por encima del punto de congelación.

Para determinar cualquiera de los dos, se coloca una muestra de aceite en un tubo de vidrio de fondo plano, se tapa y se pone un termómetro en el mismo. Se introduce en un líquido frío, y cada 3 °C que descienda la temperatura se comprueba la fluidez del aceite inclinándolo, verificando así que este no se encuentra en estado sólido.

La medida del punto de congelación y del de escurrimiento es importante porque es necesario prever que el aceite no se congele en el interior de la instalación.

Medición del punto de fluidez

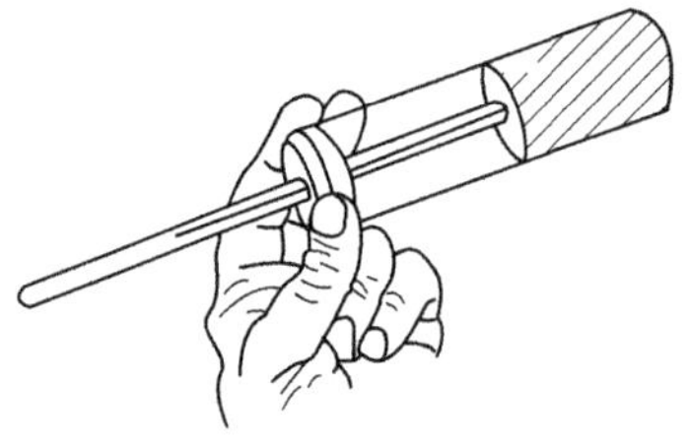

Punto de floculación

Es la temperatura en la que las ceras y parafinas que contiene el aceite se solidifican, precipitan y se separan de este. Todos los componentes de los lubricantes no solidifican a la misma temperatura. Este valor es importante para evitar obstrucciones parciales o totales de los elementos más fríos del sistema, y en particular de la salida de la válvula de expansión.

Índice de neutralización

Es el índice que indica la cantidad de base necesaria para neutralizar los ácidos libres que presenta una unidad de masa de aceite. Se mide por el pH.

Esta característica también se conoce con el nombre de índice de acidez, que corresponde a los ácidos libres que presenta una unidad de masa de aceite.

Un índice de neutralización bajo indica poco contenido de ácido y por tanto una gran estabilidad del aceite. Uno alto, por el contrario, lo que puede provocar es el deterioro del aislamiento eléctrico del motor y la corrosión en las partes metálicas de la maquinaria.

Rigidez dieléctrica

Es la medida de la tensión que hay que aplicar para que se produzca un arco eléctrico (salte una chispa) a través de la sustancia. En el caso de los aceites indica la resistencia de estos al paso de la corriente eléctrica, la cual está relacionada con la cantidad de impurezas (humedad, suciedad, etc.) que contiene, de tal forma que a mayor número de adulteraciones, menor será su resistencia al paso de la corriente. Un buen aceite lubricante suele tener una rigidez dieléctrica superior a 25 kV.

Punto de inflamación

Es la temperatura más baja a la que al entrar en contacto con una llama, se produciría la inflamación de los vapores de aceite existentes, aunque no lo suficiente para que este continuara ardiendo. Un buen refrigerante debe tener un punto de inflamación por encima de 150 ºC.

Punto de combustión

Es la temperatura a la que los vapores del aceite continuarían ardiendo, aun sin la presencia de la llama que los inflamó. Este punto es superior al punto de inflamación.

Estabilidad a la oxidación

Es la propiedad que el aceite tiene para mantenerse inalterado ante la presencia de oxígeno, sin producir lodos ni ácidos.

Tendencia a la corrosión

Indica principalmente el contenido de azufre en el aceite refrigerante, causante de la corrosión de las superficies metálicas en el interior del sistema. La medición se realiza mediante la decoloración de una tira de cobre sumergida en él, durante un periodo de tiempo. Con esto se intenta evitar que se formen ácidos sulfúricos o sulfurosos en el circuito debidos al contacto con la humedad.

Contenido de humedad

Los aceites a veces contienen agua en su composición, pudiendo formar ácidos y lodos e incluso llegando a congelarse en el interior del circuito. El aceite debe ser tan seco como sea posible. Durante la fabricación este puede tener 30 ppm de agua en su interior, que se puede incrementar por su gran higroscopicidad durante el envasado, el transporte o el almacenamiento, por lo que hay que tomar precauciones durante todo el proceso de manipulación.

Contenido en materias sólidas

Esta característica indica la cantidad de cuerpos extraños insolubles y los colorantes que se encuentran en el aceite.

Untuosidad

Esta propiedad es la capacidad que presenta un lubricante de generar entre dos superficies deslizantes, una película de adherencia y espesor suficientes de modo que no exista rozamiento entre las mismas.

Peso específico

Sirve para obtener el peso de un litro de aceite sin necesidad de pesarlo. Se determina con un hidrómetro.

Color

Recientemente se ha demostrado que los aceites con colores más claros poseen mayor estabilidad que los oscuros. Se determina por medio de la luz que transmite el mismo lubricante y se expresa por un valor numérico que se compara con una tabla de colores estandarizados. Uno demasiado refinado tendrá un color muy claro, parecido al agua, pero también su calidad como lubricante será muy baja. Al contrario, los poco refinados tienen un color oscuro, ya que tienen un alto contenido en hidrocarburos insaturados. Se deben refinar lo suficiente para eliminar estos hidrocarburos, pero sin llegar a destruir sus cualidades.

5. Miscibilidad con el refrigerante

La miscibilidad es la capacidad que tienen dos o más fluidos para mezclarse, formando una composición homogénea que se comporta como si fuera una única sustancia, manteniendo la misma textura cuantitativa en cualquier punto de la misma. Dependiendo del tipo de refrigerante, la temperatura y la presión, pueden formarse mezclas con diferentes proporciones.

Es una de las propiedades más buscadas a la hora de elegir un aceite para que éste se mezcle perfectamente con el refrigerante y pueda circular por el circuito frigorífico, desde la descarga hasta su retorno, al cárter del compresor, pasando por el condensador, el evaporador y la válvula de expansión. Cuando el refrigerante se disuelve en aceite hace que éste último se vuelva más fluido, haciendo más fácil su circulación a través del sistema. Con los menos solubles, es más complicado el retorno de aceite.

Esto también afecta a la viscosidad de la mezcla, que disminuye en función de la cantidad relativa de refrigerante que contiene el aceite y de la temperatura.

No todos son miscibles con los fluidos frigorígenos: los aceites minerales son muy mezclables con los HCFCs pero no son compatibles con los HFCs, que deben utilizarse con aceites POE. En la tabla que aparece a continuación se expresa la compatibilidad del refrigerante con los distintos tipos de lubricantes.

Compatibilidad relación refrigerante-lubricante

	Aceite mineral	Aceite alquilbencénico	Aceite polioléster
R-12	Compatible	Compatible	Compatible
R-134 A	No compatible	No compatible	Compatible
R-401A	No compatible	Compatible	Compatible
R-401B	No compatible	Compatible	Compatible
R-502	Compatible	Compatible	Compatible
R-404 A	No compatible	No compatible	Compatible
R-403 B	Compatible	Compatible	Compatible
R-402 A	No compatible	Compatible	Compatible
R-402 B	No compatible	Compatible	Compatible
R-22	Compatible	Compatible	Compatible
R-407 C	No compatible	No compatible	Compatible
R-11	Compatible	Compatible	Compatible
R-123	Compatible	Compatible	Compatible
R-507	No compatible	No compatible	Compatible
R-416 A	Compatible	Compatible	Compatible
R-413 A	Compatible	Compatible	Compatible
R-409 A	Compatible	Compatible	Compatible
R-408 A	No compatible	Compatible	Compatible
R-410 A	No compatible	No compatible	Compatible
R-406 A	Compatible	Compatible	Compatible
R-407 A	No compatible	No compatible	Compatible
R-407 B	No compatible	No compatible	Compatible

Aplicación práctica

Se va a realizar la puesta en marcha de la modificación de una instalación de climatización en la que conlleva el cambio de fluido refrigerante. Antes, la instalación trabajaba con R-502, un refrigerante mezcla de R-22 (HCFC) y R-115 (CFC), y empleaba aceite mineral (MO) como lubricante, pero tras el cambio, el fabricante del equipo nos indica que debe emplearse como refrigerante R-408A o R-403B ¿Deberá cambiarse el aceite refrigerante que se emplea? ¿Por qué?

SOLUCIÓN

Se indica que el lubricante que se empleaba era un aceite mineral.

En cuanto a los dos refrigerantes que se pueden usar como alternativos, el R-408A no es compatible con los MO, y sí lo es con los AB y POE, mientras que el R-403B es compatible tanto con los MO, como con los AB y POE.

Por tanto, si se opta por emplear como nuevo refrigerante R-408A sí se deberá cambiar el aceite porque no es compatible, mientras que si se elige el R-403B, se podrá seguir utilizando el mismo como hasta ahora, ya que son compatibles.

6. Resumen

Los aceites refrigerantes son un tipo especial de lubricantes que se emplean en los sistemas de refrigeración, y que tienen como misión impedir el contacto directo o rozamiento entre dos superficies, generalmente metálicas, que se encuentran en movimiento relativo. Para ello, entre ambas superficies debe interponerse una capa de lubricante de espesor y características adecuadas. Al eliminar el rozamiento también se evitan sus efectos: aumento de temperatura, desgaste, corrosión, etc.

Como lubricantes se emplean aceites minerales y aceites sintéticos. Los primeros (MO) se obtienen por destilación del petróleo, siendo los más utilizados los de base nafténica porque fluyen mejor a bajas temperaturas, conservan mejor la viscosidad y son más estables química y térmicamente que otros aceites minerales. Son los que se utilizan con refrigerantes halogenados HCFCs.

Los segundos se obtienen por síntesis química pudiendo fabricarse "a medida" para trabajar según las necesidades impuestas por los nuevos refrigerantes. Entre las propiedades de los aceites sintéticos destacan la miscibilidad con estos, la resistencia a las altas y bajas temperaturas, un excelente poder de lubricación y estar totalmente libres de ceras. Como lubricantes sintéticos están los alquilbencénicos (AB), los polialquilglicoles (PAG) y los poliolésteres (POE).

Las principales características a tener en cuenta para comparar o analizar los diferentes tipos son: la viscosidad, el índice de viscosidad y el de neutralización, el punto de congelación aparente, de escurrimiento, de floculación, de inflamación y de combustión, la rigidez dieléctrica, la estabilidad a la oxidación, la tendencia a la corrosión, el contenido de humedad y de materias sólidas, la untuosidad, el peso específico y el color.

Los refrigerantes pueden mezclarse con los lubricantes formando combinaciones homogéneas con diferentes proporciones de ambas sustancias, en función del tipo de refrigerante, de la presión y de la temperatura. Es deseable que se dé una buena miscibilidad de forma que retorne completamente al cárter, ya que de lo contrario podría haber problemas en el circuito frigorífico. Existe incompatibilidad entre algunos refrigerantes y algunos lubricantes.

Ejercicios de repaso y autoevaluación

1. La función principal del aceite refrigerante es:

a. Formar películas protectoras anticorrosivas en el evaporador.
b. Lubricar las superficies, generalmente metálicas, en movimiento del circuito.
c. Fundirse con el refrigerante para no obstaculizar ningún elemento del circuito frigorífico.
d. Tener un alto índice de fluidez para que no se congele en el condensador.

2. Indique las siglas que identifican a cada lubricante.

a. Aceite mineral:
b. Alquilbencénico:
c. Polioléster:
d. Polialquilglicol:

3. Los aceites refrigerantes minerales sintéticos se clasifican en...

a. ... POE, PAG y Parafínicos.
b. ... alquibencénicos, Polioléster y Parafínicos.
c. ... alquibencénicos, Polioléster y Polialquilglicoles.
d. ... alquibencénicos, POE, Parafínicos.

4. Enumere, al menos, cuatro características propias de los aceites refrigerantes.

____
____
____
____

5. **Indique si la siguiente afirmación es verdadera o falsa.**

   a. Los aceites minerales son compatibles con todo tipo de refrigerantes.

      ☐ Verdadera
      ☐ Falsa

6. **Complete el siguiente texto.**

La viscosidad es la propiedad que tienen los fluidos de ________________ a las deformaciones tangenciales, debido al pequeño ________________ existente entre capas adyacentes del líquido. La miscibilidad es la capacidad de formar una mezcla ________________ que tiene dos o más líquidos cuando están contenidos en un ________________.

7. **El punto de congelación aparente también se llama...**

   a. ... punto de ebullición.
   b. ... punto de fluidez.
   c. ... punto de floculación.
   d. ... punto de Stokes.

8. **Un buen refrigerante debe tener el punto de inflamación...**

   a. ... inferior a 150º.
   b. ... superior a 120º.
   c. ... superior a 150º.
   d. ... inferior a 120º.

9. **La tendencia a la corrosión indica...**

   a. ... el contenido de ácidos grasos libres que tiene el refrigerante.
   b. ... el contenido de agua que tiene en su composición el refrigerante.
   c. ... la cantidad de cuerpos extraños insolubles.
   d. ... el contenido de azufre del refrigerante.

10. La miscibilidad del aceite refrigerante es la capacidad de formar una mezcla...

a. ... homogénea con dos o más fluidos.
b. ... heterogénea con dos o más líquidos.
c. ... homogénea con dos o más sólidos.
d. ... heterogénea con dos o más sólidos.

Capítulo 3

Puesta en marcha y mediciones reglamentarias de las instalaciones de climatización. Manejo de refrigerantes

Contenido

1. Introducción

La puesta en marcha de las instalaciones de climatización conlleva una serie de actuaciones y mediciones para que en el transcurso de su funcionamiento todo marche según lo proyectado, proporcionando a sus usuarios unas condiciones ambientales agradables.

En este capítulo se tratarán los aspectos más importantes de las operaciones a realizar antes de la puesta en marcha (comprobar el estado de la instalación, realizar el vacío, cargar el circuito de gas refrigerante, etc.), y la forma de obtener los diferentes parámetros (medidas de caudales, presiones, temperaturas y humedad) que van a permitir evaluar y calibrar dicho montaje. Todo ello necesario para que el sistema funcione correctamente.

2. Prueba hidráulica de recipientes de almacenamiento

Los recipientes utilizados para el almacenaje de refrigerante o de cualquier fluido tienen que soportar una presión en su interior superior a la atmosférica, ya que de otra forma se evaporarían. Los gases refrigerantes son transportados en fase líquida.

Las pruebas hidráulicas se realizan para comprobar que un recipiente soportará la presión deseada.

Nota

Durante la prueba, el recipiente debe ser accesible por todos sus lados.

Para realizarla deben interrumpirse las conexiones de todos los terminales abiertos mediante tapones que puedan soportar de forma segura la presión a la que serán sometidos.

La operación consiste en llenar el recipiente con agua hasta expulsar todo el aire de su interior y aplicarle una presión interna con una bomba manual de forma lenta y progresiva, aumentándola uniformemente hasta llegar a la deseada en el interior del recipiente (la prescrita en el código de diseño), sin exceder el valor fijado para la prueba.

Definición

Presión de prueba
Es la presión a la que se somete un recipiente para comprobar su resistencia en las condiciones estáticas para las que fue diseñado.

Seguidamente, se comprueba si ha sufrido filtraciones o deformaciones. Cuando no se hayan producido se considerará que este ha resistido la prueba hidráulica de forma satisfactoria.

A continuación, se reduce la presión también de forma lenta y uniforme.

Con esto se verifica el funcionamiento correcto de las válvulas y la inexistencia de fisuras o pérdidas antes de cargarlo con refrigerante. Normalmente se realiza tras la fabricación de los recipientes.

Antes de realizar una comprobación hidráulica, se debe prestar especial consideración a la estructura del soporte y al diseño de las bases haciendo los cálculos respectivos para asegurar que ambos, la estructura y el soporte, aguantarán el esfuerzo exigido.

Los equipos sometidos a presión deben ser inspeccionados periódicamente para asegurar su integridad, evaluando la condición del recipiente, el fluido contenido y el medioambiente en el que se encuentra. Cualquier pequeña fuga puede generar graves daños en la instalación.

Se pretende realizar la prueba hidráulica a un recipiente, pero sin interrumpir las conexiones de los terminales abiertos, ¿es esto posible?

SOLUCIÓN

No. No es posible realizar la comprobación sin antes interrumpir todas las conexiones mediante tapones que resistan la presión, primero porque no sería posible llenar el recipiente y segundo, porque si los tapones no la resisten, podrían saltar al recibir el empuje del agua.

3. Prueba de estanqueidad en circuitos de fluidos de climatización

Mediante esta prueba se pretende detectar fallos de continuidad y hermeticidad en los conductos del sistema de climatización. Es necesario realizarla antes de la puesta en servicio para comprobar que el circuito está cerrado e incomunicado con el exterior, y que el refrigerante que se introduce en su interior no encuentra puntos de fuga.

La prueba de estanqueidad se realiza a una presión cuyo valor se encuentra en el intervalo.

$$0{,}9\ Ps \leq \text{presión de prueba de estanqueidad} \leq 1{,}0\ Ps$$

Donde Ps es la presión máxima admisible.

Antes de aplicar la presión requerida debe procederse a la inspección visual del sistema, con objeto de comprobar que todos los elementos se encuentran correctamente conectados. Para esto es necesario que sean perfectamente visibles y accesibles las juntas que van a ser sometidas a examen, además, deberán estar libres de óxido, suciedad, aceite, etc., y todo aquello que impida una correcta apreciación de su estado. No podrán ser pintadas, aisladas o cubiertas hasta que hayan sido probadas.

Nota

Los resultados de las pruebas deberán ser registrados.

Existen diversas técnicas para realizar la prueba de estanqueidad: gas inerte a presión, gases trazadores, vacío, etc. La elección de una u otra técnica dependerá de las condiciones de la instalación. Para realizarla podrá utilizarse un gas que no sea peligroso y sea compatible con el refrigerante y los materiales del sistema.

Importante

No debe emplearse aire para la realización de pruebas en las que este se encuentre sometido a presión, ya que el aire contiene oxígeno, y si entra en contacto con el aceite de la instalación, puede dar lugar a una mezcla que puede inflamarse si encuentra un punto por el que salir pulverizada.

El método utilizado será supervisado por el instalador frigorista.

Para los sistemas compactos, semicompactos y de absorción herméticos, la comprobación se efectuará en fábrica.

3.1. Prueba de estanqueidad con gas inerte a presión

El gas que se emplea en esta prueba es nitrógeno. Es un gas inerte que mantiene su estabilidad en un amplio rango de temperaturas sin reaccionar con otros elementos, por lo que no interviene en ninguna reacción química. No es explosivo, ni inflamable, no es contaminante y es mucho más barato que los fluidos frigorígenos.

Conexión de la botella de nitrógeno para realizar la prueba de estanqueidad

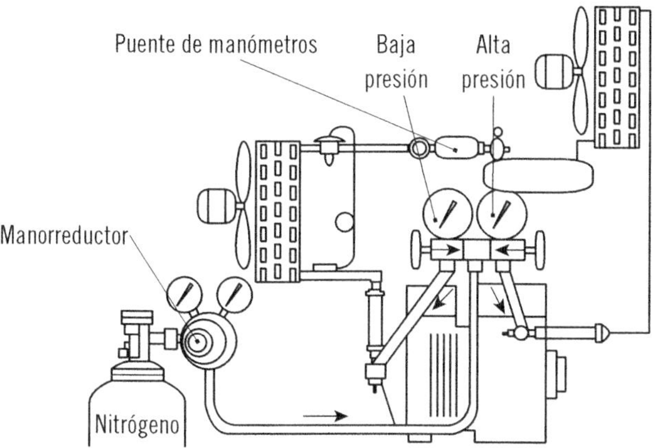

Sabía que...

El nitrógeno seco también es utilizado para limpiar el interior de los circuitos frigoríficos, en caso de sustitución o rotura del compresor, o en una sustitución del refrigerante, ya que es capaz es arrastrar los restos de este y aceite que se quedan en el circuito.

Nota

Durante la prueba no debe superarse la presión de timbrado de ninguno de los elementos conectados a la instalación, ya que podrían resultar dañados. Los elementos más sensibles suelen ser los dispositivos de control y los aparatos de medida.

Para realizar la comprobación con gas inerte a presión, es necesario disponer de:

- Un puente de manómetros.
- Una botella de nitrógeno seco.
- Un manorreductor de nitrógeno.

La prueba se desarrolla como se muestra a continuación:

- Se aíslan adecuadamente los elementos del circuito de fluidos que no van a ser sometidos a prueba.
- Se conecta la botella de nitrógeno con el puente de manómetros, y este con la válvula de carga o la toma de servicio.
- Se abre lentamente la válvula de la botella de nitrógeno. El manómetro de alta del manorreductor marca la presión que hay en el interior. Cuando es nueva, esta presión es muy elevada y va bajando a medida que se va consumiendo nitrógeno de la misma.
- Se aprieta el tornillo del manorreductor hasta que el manómetro de baja marque la presión a la que va a realizarse la prueba.
- Se llena la instalación con el nitrógeno. Estará completamente llena cuando la presión del manómetro del puente llegue al valor deseado, que será igual a la del manómetro de baja del manorreductor de la botella de hidrógeno.
- Se cierran las válvulas del puente de manómetros para incomunicarlo con la botella de nitrógeno.
- Se van golpeando con un martillo de goma pequeño las uniones soldadas de los diferentes accesorios, con la fuerza suficiente para que

se revelen fugas que más adelante podrían manifestarse a causa de la dilatación, contracción o vibraciones.

- Se buscan los posibles escapes observando los manómetros de la instalación y del puente.
- Si se mantiene la presión durante un tiempo significa que la instalación no tiene pérdidas.
- Cuando la presión disminuye, estará ante un indicador de fugas:
  - Si son importantes se localizan por el ruido que produce el gas que escapa.
  - Para localizar las fugas pequeñas puede emplearse una solución de agua jabonosa, observando la formación de burbujas. Hay que comprobar todos los accesorios cuidadosamente, comenzando por el puente de manómetros y siguiendo un orden preciso. Se marcan todos los puntos en los que aparecen fugas para que puedan ser reparados.

Cuando se detecta una fuga en un accesorio, no se puede añadir más metal de soldadura sobre la existente. Habrá que desmontarlo, limpiarlo y realizar de nuevo la unión.

Cuando se termina el ensayo de estanqueidad es necesario purgar el nitrógeno del sistema. También, deben volver a conectarse las partes de la instalación que se habían desmontado para la realización de la prueba.

3.2. Prueba de estanqueidad con el empleo de gases trazadores

El reglamento de instalaciones frigoríficas, en la IF 9, dice lo siguiente:

Cuando se añaden sustancias trazadoras al gas inerte, estas no deberán ser ni peligrosas ni perjudiciales para el medio ambiente. En ningún caso podrán ser empleadas sustancias organohalogenadas.

El empleo de gases trazadores facilita la detección de las fugas en los circuitos. Para que estos puedan ser usados, deben reunir determinadas características:

- Ser un gas inerte.
- No debe representar ningún peligro para la salud y la seguridad de las personas (baja toxicidad, no explosivo).
- Similares densidades y capacidad de difusión a las del aire.
- No ser un constituyente normal del aire o estar en un orden de magnitud muy inferior a la que se considera en las mediciones a efectuar.
- Debe poder medirse fácilmente en bajas concentraciones y durante cortos períodos de tiempo con técnicas de medida que no presenten problemas de interferencias.

Para la detección de fugas se emplean **espectrómetros de masas** que detectan concentraciones muy pequeñas (del orden de partes por millón) de partículas de gas trazador en el entorno de medición. Están provistos de una sonda con la que se realiza un recorrido por la instalación. Esta captura pequeñas muestras de aire y las envía al detector, e indica la concentración de sustancia presente y la magnitud de la fuga.

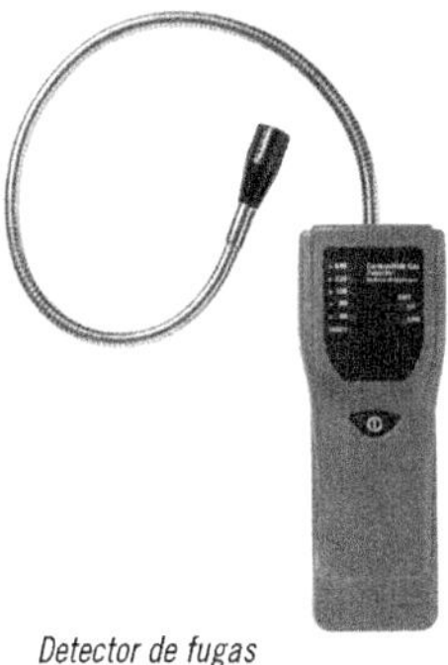

Detector de fugas

Nota

El elemento sensor de la sonda suele ser muy sensible, por lo que no deberá entrar en contacto directo con ninguna parte del circuito que pueda deteriorarlo.

Aplicación práctica

Tras realizar la prueba de estanqueidad a un circuito, se oye un ligero silbido. Resulta ser un punto de fuga en una unión soldada por el que se escapa gas, ¿podría solucionarse el problema, sellando la fuga con el pintado de la soldadura o recubriéndola de material aislante?

SOLUCIÓN

No, ya que la fuga seguiría existiendo. La pintura no supondría un medio de contención suficiente para el gas a presión y el aislante lo que haría sería ocultar el problema que seguiría estando ahí. Lo que debe hacerse es volver a realizar la soldadura.

4. Realización de vacío

Con la realización del vacío se consigue eliminar del interior de la instalación la humedad y el aire que, si se encuentran presentes durante el funcionamiento normal de la instalación, pueden ocasionarle graves daños.

Nota

El aire en el interior de una instalación puede provocar una disminución en la potencia frigorífica, mientras que la humedad puede taponar alguna válvula, o mezclada con el aceite refrigerante puede causar acidez que quemaría el compresor.

Con esto se consigue también comprobar la posible existencia de fugas y la estanqueidad del circuito.

Para llevar a cabo la operación son necesarios:

- Un juego o puente de manómetros.
- Una bomba de vacío de tamaño adecuado al servicio a realizar.
- Un juego de mangueras de conexión.

Todos ellos dotados de rácores compatibles con los existentes en la instalación.

Importante

La bomba de vacío no debe someterse a la presión de la prueba de estanqueidad, por lo que no hay que conectarla al circuito hasta que se haya liberado el exceso de presión.

El juego de mangueras se compone de tres tipos diferenciadas por colores:

- De alta presión de color rojo.
- De baja presión de color azul.
- De carga y vacío de color amarillas.

Nota

Cuando se haga el vacío a circuitos de gran capacidad, hay que tener en cuenta el recorrido de la instalación, y comprobar que no aparezcan restricciones como pueden ser tubos capilares o válvulas de expansión o de retención que impidan la deshidratación y por tanto una correcta realización de vacío. También debe comprobarse siempre que no hay llaves o válvulas cerradas en la zona de la instalación.

No todas las mangueras son capaces de soportar la misma presión, así que en el mercado pueden encontrarse diferentes modelos que varían en función del gas con el que se vayan a utilizar. Normalmente las mangueras suelen tener una leyenda grabada que indica la presión máxima que pueden alcanzar.

Conexión manómetro, bomba de vacío y equipo para realizar vacío

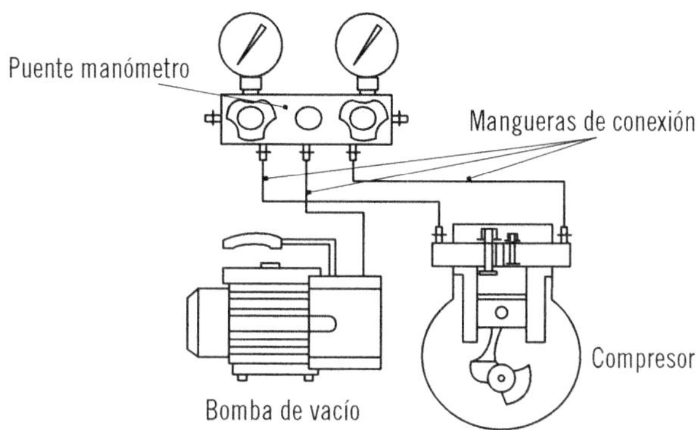

Para realizar el vacío, lo primero que debe hacerse es conectar cada manguera en su lugar correspondiente. La bomba se conecta al puente manómetro a través de la llave de carga de la tubería de líquido, y el puente a los orificios de las válvulas de aspiración y descarga del compresor.

A continuación, se abre la llave de carga del puente manómetro. Al abrir la de la tubería de líquido se establecerá la conexión con la bomba de vacío.

Se arranca esta y a continuación se abren las válvulas que conectan la bomba y la instalación.

Se deja la bomba en marcha haciendo el vacío en la instalación. La presión comenzará a bajar dentro del circuito. Se mantendrá trabajando hasta que extraiga toda la humedad y todo el aire. Normalmente el manómetro de baja presión suele tener una escala por debajo de cero que es la que indica la realización del vacío dentro de la instalación.

El tiempo necesario para realizar la operación en una instalación, es decir, el tiempo de evacuación va a depender de diversos factores como: la eficiencia de la bomba, su capacidad y el grado de humedad que tiene el circuito.

Resumen presiones/tiempos aplicables en el procedimiento de vacío según la IF-09

Tipo de sistema	Presión de evacuación y secado (Pa absolutos)	Tiempo de mantención del vacío
Sistemas con carga de más de 20 kg.	< 270	30 minutos
Sistemas con carga inferior a 20 kg.	< 270	60 minutos
Sistemas con amoniaco o CO_2.	< 675	2 horas

Una vez que se ha alanzado la presión de vacío, debe mantenerse encendida la bomba durante un tiempo prudencial (el tiempo sugerido no debería ser inferior a 1/3 del total empleado para llegar al vacío requerido), para conseguir eliminar la mayor cantidad de humedad del interior del circuito. Cuando el manómetro indica que se ha alcanzado el adecuado, primero se cierran las llaves de paso del manómetro, y después se desconecta la bomba, ya que si se desconecta primero esta, comenzaría a entrar aire por las mangueras.

Importante

Está totalmente prohibida la realización de barrido con gas refrigerante para eliminar la humedad y el aire que se pueda encontrar en el interior.

Una vez realizado el proceso, los manómetros pueden indicar diferentes estados. Pueden darse los siguientes casos:

a. El manómetro reduce su valor hasta que llega un momento en el que se mantiene invariable. Este efecto aparece cuando se detiene la bomba y es debido a la tendencia al equilibrio interno del sistema. Si pasado un tiempo, la medición no sufre ninguna alteración, significa que se ha realizado el vacío correctamente.
b. El manómetro tiene un crecimiento acelerado. Esto implica que existe una pérdida que debe ser localizada. Lo primero que debe hacerse, antes de realizar alguna prueba en el circuito, es comprobar las conexiones de las mangueras que puedan estar incorrectamente conectadas y provocar el escape. En caso de que estén bien, debe realizarse una carga del sistema con nitrógeno y una prueba de estanqueidad para buscar la fuga.
c. El manómetro muestra una pequeña pérdida de dicho vacío hasta un determinado nivel donde el instrumento queda detenido. En principio puede atribuirse a un escape, pero si el manómetro se detiene manteniendo aún un nivel de vacío considerable, puede deberse a que el circuito aún contenga humedad provocando un aumento de la presión cuando esta se evapora. Para solucionar este problema se conectará la bomba y ampliará el tiempo de realización de vacío para eliminar la humedad residual.

Aplicación práctica

¿Puede realizarse la prueba de vacío sin realizar previamente la prueba de estanqueidad?

SOLUCIÓN

Al realizar la prueba de vacío pueden detectarse fugas en el circuito, pero al no emplear los medios que se usan en la estanqueidad, no se revela dónde está la fuga.

5. Control y manejo de refrigerantes

El reglamento de seguridad para instalaciones frigoríficas y sus instrucciones técnicas complementarias, regula el control del conjunto de la instalación antes de su puesta en servicio. Los sistemas de refrigeración deben comprobarse por completo antes de ello. La verificación será realizada por la empresa frigorista, y debe incluir los siguientes puntos:

a. Comprobación de la documentación de los equipos a presión: hay que asegurarse de que la documentación sea correcta y que asegura que los equipos cumplen los requisitos, códigos de diseño y otras normativas aplicables.
b. Revisión del equipo de seguridad: se observará que los equipos de seguridad instalados son los que corresponden a la instalación, que esta se ha realizado conforme a lo establecido, y que están correctamente tarados para garantizar la seguridad según las normas correspondientes, así como que han sido debidamente probados y certificados por el fabricante.
c. Comprobación de que las soldaduras de las tuberías son conformes con los procedimientos aprobados, y que no presentan defectos.
d. Revisión de las tuberías: verificando tanto que la instalación del sistema se ha realizado según lo marcado en los planos como que se han seguido las especificaciones y normas de aplicación.
e. Verificación del acta de la prueba de estanqueidad del sistema de refrigeración para comprobar que no aparecen nuevas fugas.
f. Verificación visual del sistema de refrigeración.

En la puesta en marcha, para conocer la presión de refrigerante que existe en el interior, se utilizará un manómetro. Las grandes instalaciones pueden estar monitorizadas por medio de presostatos en las partes críticas del circuito, como por ejemplo a la salida y entrada del compresor. En el circuito frigorífico se suelen incorporar visores que sirven para comprobar que el flujo de refrigerante es el correcto. A través de este puede distinguirse claramente el paso en estado líquido, ya que en estado gaseoso las partículas de gas no son apreciables. Los visores sirven para comprobar de manera rápida si existe algún fallo en el funcionamiento del equipo.

El montaje puede tener más elementos de seguridad y control, como presostatos, válvulas de caudal, termostatos, etc, para evitar riesgos mayores y dependiendo de las dimensiones del mismo. Una vez que se ponga el equipo en funcionamiento deberán comprobarse todos los elementos de seguridad y control de la instalación así como revisar los visores y el comportamiento del refrigerante a través de los manómetros.

Nota

Los termostatos pueden ayudar a controlar el refrigerante, evitar congelaciones o sobrecalentamientos elevados.

A la hora de trabajar con refrigerantes hay que tener en cuenta diferentes aspectos sobre la seguridad: no debe olvidarse que se trabaja con elementos a presión, y que también algunos pueden producir vapores ácidos en contacto con una llama. La temperatura de trabajo de los gases utilizados es muy baja, y hay que tener mucho cuidado con las fugas, ya que en contacto con la piel pueden producir quemaduras por enfriamiento. Por precaución deben emplearse los equipos de protección individual correspondientes como guantes, gafas protectoras, ropa apropiada, etc. Además, los refrigerantes tienen que ser manipulados en locales bien ventilados, ya que una alta concentración sin buena ventilación puede causar intoxicaciones respiratorias.

La presión es uno de los parámetros más importantes a tener en cuenta a la hora del manejo de refrigerantes. Estos vienen envasados en botellas debidamente rotuladas y capaces de resistir la elevada presión. Aún así, estas no deberán llenarse en exceso. Como máximo el 80 % de la capacidad del mismo. Para el relleno de una botella hay que averiguar si tiene una carga previa y de cuánto espacio libre dispone. Los recipientes no deben colocarse al sol, ya que el incremento de temperatura provoca un aumento de presión de equilibrio de las fases líquida y gaseosa, pudiendo incluso explotar. Por esta razón se deja un 20 % del depósito sin llenar, para evitar sobrepresiones en su interior.

Variación presión líquido-vapor del refrigerante en el interior de recipientes con el aumento de la temperatura

Temperatura de la botella	16 °C	21 °C	38 °C	54 °C	66 °C
Empezando con la botella llena al 80 % en volumen					
Espacio ocupado	80 %	81 %	83 %	90 %	94 %
Empezando con la botella llena al 90 % en volumen					
Espacio ocupado	90 %	92 %	96 %	100 %	Explosión

Importante

Nunca debe transportarse un envase sobrecargado, ya que hay riesgo de explosión al expandirse el refrigerante por incremento de la temperatura.

La expulsión del refrigerante a la atmósfera está totalmente prohibida. Antes de cualquier operación deberá ser recuperado para su reutilización. En general, los fluidos frigorígenos pueden reutilizarse en cualquier equipo siempre que exista la seguridad de que no están contaminados. Si hay dudas sobre la calidad de este, o después de una avería que haya afectado al motor, se analizará para ver si contiene humedad, ácidos u otros contaminantes. En caso de que no se pueda volver a usar, habrá que llevarlo a un centro de reciclado.

Solo pueden ser manipulados por personal cualificado de la empresa autorizada con certificado de manipulador de gases fluorados.

6. Carga del circuito frigorífico

Una vez que la instalación tenga realizado el vacío, debe efectuarse la carga de la misma forma controlada, dosificando la cantidad con el cilindro de carga que se encuentra a presión positiva, o mediante una botella de refrigerante licuado y una báscula.

La forma en la que debe realizarse la carga de refrigerante está establecida en la **IF-09,** por el Reglamento de seguridad para Instalaciones frigoríficas y sus instrucciones técnicas complementarias:

> *Para equipos de compresión de más de 3 kg de carga de refrigerante y refrigerantes azeotrópicos, el fluido deberá ser introducido en el circuito a través del sector de baja presión en fase vapor.*
>
> *Para refrigerantes zeotrópicos, la carga se realizará en fase líquida y deberá efectuarse de modo que el fluido se expansione en el dispositivo que incorporan los evaporadores, de esta forma se evitará que pueda llegar líquido a los compresores. Para ello se dispondrá de una toma de carga con válvula y una válvula de cierre aguas arriba de la tubería de alimentación de líquido que permita independizar el punto de carga del sector de alta.*

También establece que ninguna botella de refrigerante líquido deberá ser conectada o dejarse permanentemente enganchada a la instalación fuera de las operaciones de carga y descarga.

Para realizar el llenado es necesario disponer además de la botella, de varios aparatos de medida. Normalmente se utiliza el analizador de presión de dos válvulas.

Importante

Antes de conectar un puente de manómetros a una instalación debe conocerse el funcionamiento interno, ya que de no ser así, se corre el riesgo de dañar alguno de ellos, principalmente el vacuómetro, puesto que no puede soportar presiones superiores a la atmosférica.

A la vista de lo establecido por el reglamento, se distinguen dos formas de realizar la carga del circuito frigorífico: por baja y por alta presión.

6.1. Carga por el lado de baja presión (refrigerantes azeotrópicos)

En este caso, la introducción del refrigerante se realizará a través de la válvula de aspiración del compresor.

Antes de comenzar la carga todas las llaves deben estar cerradas.

Se conecta la botella al racor de carga (la manguera amarilla).

Se purga el aire del sistema: se deja escapar una cantidad de refrigerante suficiente para purgar el aire de la manguera antes de apretarla completamente o se abre la llave de alta del manómetro unos segundos.

Una vez se equilibran las presiones se pone en marcha el equipo frigorífico, y se abre lentamente la válvula de aspiración (lado de baja del puente), de manera que el propio sistema va bombeando el refrigerante gaseoso de la botella en el equipo.

Carga por el lado de baja presión

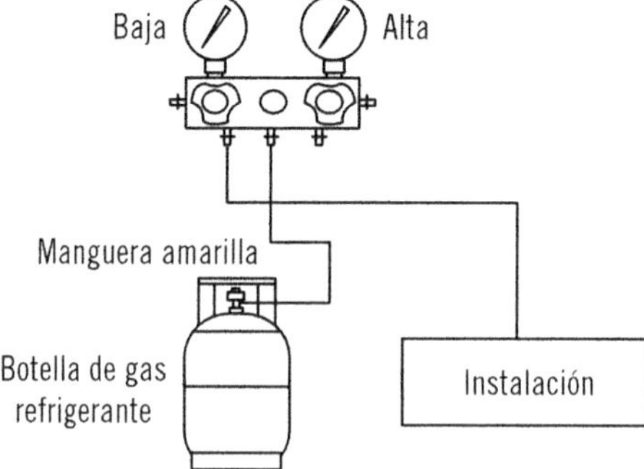

Cuando se realice la carga por el lado de baja presión, la botella de refrigerante se colocará con el fondo apoyado sobre el suelo y la llave en la parte alta.

Para que el gas entre más rápidamente, puede calentarse la botella de forma que aumente su presión y su temperatura, empleando una manta térmica pero vigilando que esta última no suba demasiado, ya que se produciría una dilatación del gas que podría resultar peligrosa.

Aplicación práctica

¿Por qué es necesario purgar el aire del sistema antes de bombear el refrigerante?

SOLUCIÓN

Porque si no se realiza la purga de la manguera amarilla, en el momento de abrir la llave del manómetro para introducir el refrigerante en su interior, se estaría rompiendo el vacío que se hizo previamente.

6.2. Carga por el lado de alta presión (gases zeotrópicos)

Antes de realizar la carga por el lado de alta presión debe comprobarse que todas las llaves estén cerradas.

Se conecta la botella de gas por medio de la manguera amarilla a la toma de carga, purgando como en el caso anterior. Si no lleva toma de líquido se coloca la botella boca abajo. Esta operación debe realizarse con el equipo parado ya que de lo contrario la presión que hay en el circuito impediría la carga.

Importante

Los refrigerante zeotrópicos se pueden introducir en el circuito por la toma de gas únicamente si va a utilizarse todo el contenido de la botella.

Se purga el aire de la manguera de conexión.

Se inicia la carga de refrigerante abriendo la llave del lado de alta del puente, de manera que el propio sistema va bombeando el refrigerante gaseoso en el equipo.

Carga por el lado de alta presión

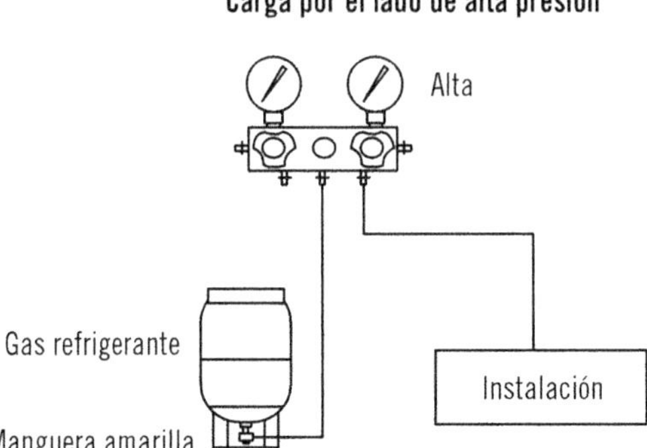

6.3. Consideraciones sobre la carga

El rendimiento óptimo de un circuito frigorífico depende, entre otros factores, de que la carga sea la adecuada. Además del mal rendimiento y de la disminución de potencia térmica, una mala carga del circuito puede originar el disparo de los elementos de seguridad (presostatos de baja o alta presión, etc.) e incluso la rotura del compresor. La carga inadecuada de un circuito puede estar originada por una fuga o por la presencia de aire y humedad en el circuito.

Exceso de carga

Un exceso de carga de refrigerante tiene como consecuencias:

- Condensación elevada.
- Trabajo excesivo del compresor.
- Mayor consumo del compresor.
- Bajo rendimiento.
- Aumento de la presión de alta.
- Disparo del presostato de alta.

- Inundación de líquido del evaporador.
- Golpe de líquido en el compresor.
- Mezcla del líquido con el aceite del cárter, con pérdida de aceite y formación de espuma.

Falta de carga

Las consecuencias de una falta de carga en el circuito son:

- Evaporación baja.
- Potencia baja.
- Mal rendimiento.
- Disparo del presostato de baja (si existe).
- Temperatura de aspiración del compresor alta.
- Temperatura de salida del compresor alta.
- Mala refrigeración del compresor.
- Descomposición del aceite (carbonización).
- Formación de hielo en la batería evaporadora.
- Formación de hielo y congelación parcial de los intercambiadores de agua.
- No se alcanza la temperatura de refrigeración deseada.

6.1. Determinación de la carga de refrigerante

Si se conoce la carga de refrigerante que lleva la instalación puede procederse a la carga del mismo en el sistema. Solo hay que colocar una balanza bajo la bombona y fijar la cantidad necesaria.

Si no se conoce, esta se puede determinar estudiando el subenfriamiento y sobrecalentamiento del fluido refrigerante en el interior del circuito.

Para realizar las medidas se necesita un juego de manómetros y un termómetro electrónico con dos sondas que se deben instalar en la línea de líquido y en la tubería de aspiración del compresor. Si es posible también se tomará la medida de temperatura de descarga de este.

Definición

Subenfriamiento
Es la diferencia entre la temperatura de condensación (determinada por el manómetro de alta) y la de la línea de líquido (medida por la sonda a la salida del condensador). Determina la zona donde, ya terminada la condensación, se sigue enfriando el líquido.

Sobrecalentamiento
Es la diferencia entre la temperatura de la línea de aspiración (medida por la sonda situada a la salida de la batería evaporadora) y la de evaporación (medida por el manómetro de baja). Determina la zona del evaporador donde, ya terminado el proceso, se sigue calentando el gas que va a aspirar el compresor.

Subenfriamiento

El subenfriamiento mayor que cero permite asegurar la no presencia de gas en la entrada al sistema de expansión (válvula de expansión, restrictor, etc.), y por tanto garantizar la capacidad del mismo. El aumento del subenfriamiento supone un incremento de la presión de condensación al disminuir la superficie efectiva de esta. Normalmente se trabaja con subenfriamientos comprendidos entre 3 y 8 °C. En cada instalación se puede ajustar a las condiciones de trabajo real. Por consiguiente, es este valor el que va a permitir asegurar la carga de gas del circuito:

- Subenfriamientos bajos indican falta de carga.
- Subenfriamientos elevados indican exceso de carga.

Sobrecalentamiento

El sobrecalentamiento mayor que cero permite asegurar que el compresor no aspira líquido y que se ha producido una evaporación total. Para la determinación de esto es necesario haber comprobado previamente la carga de gas del circuito (subenfriamiento), de forma que se pueda asegurar un correcto suministro de líquido al sistema de expansión. El valor del sobrecalentamiento está comprendido normalmente entre 4 y 12 °C. En cada instalación se ajustará a las condiciones de trabajo real. Este valor va a permitir determinar el comportamiento del sistema de expansión, aunque en este caso cabe distinguirse entre los sistemas con válvula de expansión termostática y expansión por restrictor.

Válvula de expansión termostática

Es un sistema que actúa tratando de mantener constante el sobrecalentamiento del circuito, y va reaccionando ante las variaciones de las condiciones de trabajo, tanto de condensación como de evaporación. Aunque las válvulas de expansión vienen reguladas de fábrica a un valor de 8 °C, disponen de un tornillo de regulación que permite ajustar esta a condiciones de mayor o menor recalentamiento. Antes de proceder al ajuste de la válvula es totalmente necesario verificar el estado de carga del circuito frigorífico.

- Un sobrecalentamiento elevado indica válvula cerrada.
- Un sobrecalentamiento reducido indica válvula abierta.

Válvula de expansión termostática

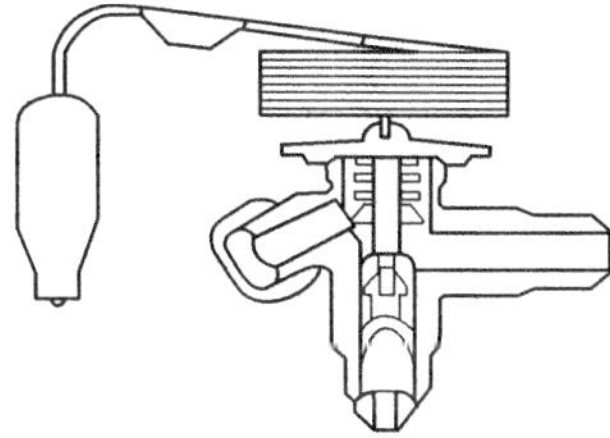

Expansión por restrictor

Los sistemas de expansión por restrictor no mantienen un sobrecalentamiento constante ya que, al estar formado por un orificio calibrado fijo, el caudal de líquido que circula por el mismo depende de la diferencia de presión entre el lado condensador y el evaporador. Cuando esta diferencia es mayor, el paso de líquido también lo es y la lectura del sobrecalentamiento será pequeña. Cuando sea menor, el paso de líquido será menor y la lectura será más elevada.

Por tanto, de este hecho se deduce que puede hacerse una regulación indirecta del sobrecalentamiento variando el nivel de carga de gas del circuito.

Nota

En los sistemas de expansión por restrictor, para hacer una carga correcta de la instalación, el ajuste se habrá de realizar conjuntamente con la lectura de sobrecalentamiento.

En equipos con válvula de expansión, el subenfriamiento es prácticamente el único parámetro a considerar para la determinación de la carga frigorífica (sin embargo es necesario conocer el valor de sobrecalentamiento para poder determinar el correcto funcionamiento del circuito).

En equipos con expansión por restrictor o capilar hay que tener en cuenta el subenfriamiento y el sobrecalentamiento para asegurar la carga correcta.

Aunque en todos los casos es recomendable realizar el ajuste en las condiciones normales de funcionamiento de la instalación, en los sistemas con restrictor es totalmente necesario. Si es preciso se debe proceder a la disminución de caudal en las baterías y/o intercambiadores para conseguir una presión de condensación normal y realizarlo en estas condiciones. Si no se consiguen unos términos de funcionamiento admisibles sería necesario proceder al cambio de orificio calibrado del restrictor. Este problema se puede presentar en equipos con diferencias grandes de altura entre unidades (10 m) o distancias elevadas, o bien, a condiciones de trabajo permanentemente alejadas de las nominales.

El sobrecalentamiento es un factor que permite asegurar la aspiración de gas por el compresor y no tener presencia de líquido, por contra el motor del compresor es refrigerado por los gases aspirados, y el volumen aumenta con la temperatura por lo que se reduce su capacidad másica.

Nota

Orificios de mayor diámetro permiten el paso de mayor cantidad de líquido, y por tanto, sobrecalentamientos más bajos, por el contrario si el agujero es menor, pasará menos líquido y se calentará.

Sobrecalentamientos bajos permiten trabajar con temperaturas de evaporación más altas ya que prácticamente toda la superficie de la batería actúa como evaporadora y alcanza rendimientos buenos, pero con el riesgo de trabajar en puntos donde no se produzca la evaporación total y exista la presencia de líquido en la aspiración del compresor y por tanto la posible rotura.

Sobrecalentamientos altos disminuyen la temperatura de evaporación ya que hay menos superficie trabajando como evaporador. Garantizan la total desaparición del líquido, pero con dos efectos negativos:

- La refrigeración del motor del compresor se realiza con los propios gases de la aspiración, si la temperatura es más alta, la refrigeración es menor y la temperatura de descarga del compresor es mayor.
- Evaporaciones bajas disminuyen el rendimiento.

Del análisis del subenfriamiento y del sobrecalentamiento se puede deducir el estado de funcionamiento correcto del circuito frigorífico. La lectura de la temperatura de descarga del compresor puede confirmar el estado de actividad, ya que una falta de carga y sobrecalentamiento elevado originan temperaturas de descarga del compresor muy elevadas.

Una válvula de expansión en funcionamiento puede crear oscilaciones en las lecturas del manómetro y de la sonda. En este caso se debe considerar el valor medio de la oscilación. Cualquier ajuste de carga requiere un tiempo de espera para la estabilización del circuito y volver a realizar una nueva medición. En equipos con restrictor esta espera es mayor, en algunos casos incluso de 1/2 hora. En los equipos partidos, las pérdidas de carga en las líneas y la diferencia de altura de las unidades modifican las condiciones de salida de baterías y de entrada a expansión y compresor.

Restrictor

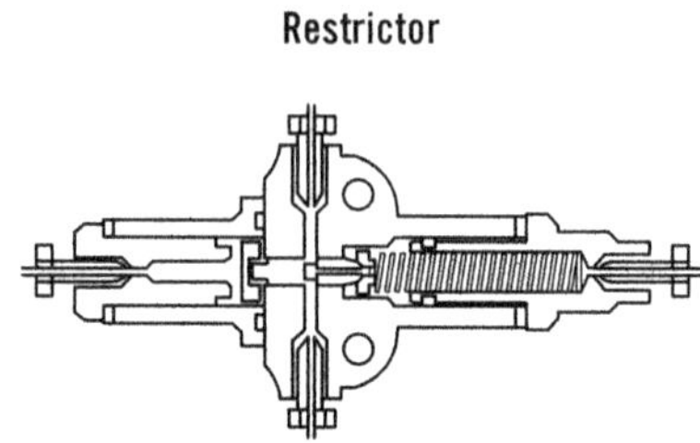

7. Pruebas y medidas de contaminación

El término contaminación puede definirse como cualquier alteración de las condiciones normales de un medio por parte de agentes físicos o químicos ajenos al mismo, cuando dicha alteración causa inestabilidad, daño o malestar.

La definición es muy abierta y abarca muchos factores: un contaminante puede ser una sustancia química, biológica, o incluso energía. Las instalaciones de climatización son origen de varios tipos de contaminación que afectan directamente a los usuarios. Básicamente, en estas instalaciones las que se perciben con mayor facilidad y mayor frecuencia son la contaminación acústica y la contaminación del aire.

7.1. Contaminación acústica

La contaminación acústica es la que se percibe por el sentido del oído. Puede ser causada por los motores de los ventiladores, las vibraciones de los equipos, las sujeciones de las máquinas, el paso de aire por los conductos o incluso la salida de este por las unidades terminales. Suelen ser ruidos monótonos y desagradables.

Se transmite por ondas sonoras (vibraciones) que pasan de un material a otro hasta llegar al oído.

Nota

En una instalación de conductos de aire acondicionado mal calculada, el paso turbulento del aire tratado puede ser muy ruidoso.

Todos los motores en movimiento provocan vibraciones que se transmiten a la carcasa que los envuelve y esta los puede transmitir a su vez al resto del edificio o de las instalaciones.

Se produce normalmente por la falta o el deterioro del material encargado de atenuar las vibraciones y que impide que fluyan hasta nuestros oídos. También puede deberse a un error de cálculo en el proyecto de la instalación, o a que no se utilicen los materiales adecuados que impidan la transmisión del ruido a través de ellos.

7.2. Contaminación del aire

El origen de la contaminación del aire en las instalaciones de climatización es diverso. puede deberse a un fallo de diseño o incluso tener causas biológicas. La simple presencia de personas en una estancia cerrada produce contaminación en el ambiente.

Nota

Las personas al respirar consumen oxígeno (O_2) y expulsan dióxido de carbono (CO_2) al ambiente provocando la contaminación de este.

El **Reglamento de Instalaciones Térmicas en Edificios, RITE,** establece las siguientes medidas para alcanzar las exigencias de bienestar e higiene respecto a la calidad del aire en el interior:

En los edificios de viviendas, a los locales habitables del interior de las mismas, los almacenes de residuos, los trasteros, los aparcamientos y garajes; y en los edificios de cualquier otro uso, a los aparcamientos y los garajes se consideran válidos los requisitos de calidad de aire interior establecidos en la Sección HS 3 del Código Técnico de la Edificación.

Para el resto de edificios se tendrá en cuenta lo establecido en el apartado **1.1.4.2.2** y siguientes de dicho reglamento que marcarán el caudal de aire exterior necesario para eliminar el aire viciado y mantener una calidad adecuada. En función del uso del edificio o local, la categoría de calidad del aire interior (IDA) que se deberá alcanzar será, como mínimo, la que se muestra en la siguiente tabla:

Valores de calidad del aire interior (IDA) para diferentes locales

Categoría	Descripción	Uso
IDA1	Aire de óptima calidad	Hospitales, clínicas, laboratorios, guarderías.
IDA2	Aire de buena calidad	Oficinas, residencias (locales comunes de hoteles y similares, residencias de ancianos y de estudiantes), salas de lectura, museos, salas de tribunales, aulas de enseñanza y asimilables y piscinas.
IDA3	Aire de calidad media	Edificios comerciales, cines, teatros, salones de actos, habitaciones de hoteles y similares, restaurantes, cafeterías, bares, salas de fiesta, gimnasios, locales para el deporte (salvo piscinas) y salas de ordenadores.
IDA4	Aire de calidad baja	-

La tabla siguiente se utiliza en la puesta en marcha para comprobar que el cálculo de conductos del proyecto se ha ejecutado correctamente. Con ella es muy fácil calcular el volumen de aire de renovación, ya que indica el número de veces que se tiene que renovar el volumen de aire del local por hora para mantener la calidad del mismo.

Renovaciones de aire en locales habitados

Tipo de local		**Renovaciones de aire por hora**
Inodoro en:	Domicilio	4-5
	Público/industria	8-15
Locales acumuladores		5-10
Cuartos de baño		5-7
Locales de decapado		5-15
Bibliotecas		4-5
Oficinas		4-8
Duchas		15-25
Tintorerías		5-15
Cabinas de pintura		25-50
Garajes		aprox.5
Armarios roperos		4-6
Restaurantes-Casinos		8-12
Fundiciones		8-15
Remojos		hasta 80
Auditorios		6-8
Cines, Teatros		5-8
Aulas		5-7
Salas de Conferencias		6-8
Cocinas	Domésticas	15-25
	Colectivas	15-30
Laboratorios		8-15
Locales de aerografía		10-20
Salas de fotocopias		10-15
Salas de máquinas		10-40

Continúa en página siguiente >>

<< Viene de página anterior

Renovaciones de aire en locales habitados

Tipo de local		Renovaciones de aire por hora
Talleres de montajes		4-8
Laminadores		8-12
Talleres de soldadura		20-30
Piscinas		3-4
Despachos de reuniones		6-8
Cámaras blindadas		3-6
Vestuarios		6-8
Gimnasios		4-6
Tiendas		4-8
Salas de reuniones		5-10
Salas de espera		4-6
Lavanderías		10-20
Talleres	Alteración pronunciada	10-20
	Poca alteración	3-6
Habitaciones		3-8

Un tipo de contaminación muy frecuente es la producida por agentes bacterianos en las bandejas de condensados de los equipos de aire acondicionado. Si estas no tienen la pendiente suficiente, no evacuan correctamente el agua condensada, quedándose estancada. Puede corromperse, o ser un foco de contaminación bacteriana que produce olores desagradables que arrastra el aire al pasar al interior de los conductos y distribuirlo por las dependencias. Ante estos patógenos hay que utilizar componentes químicos que desinfecten la instalación, y nivelar el equipo para que drene correctamente.

Debe tenerse también en cuenta la conexión del desagüe a la red general de saneamiento, ya que se pueden arrastrar olores procedentes de esta. Estos efectos se subsanan comprobando que existe un sifón en el drenaje de la instalación de aire acondicionado.

8. Mediciones y control de aceites

Normalmente los compresores se entregan con una cantidad suficiente de aceite en el cárter para permitir su normal funcionamiento, pero es recomendable comprobar el nivel. Debe realizarse tras hacer funcionar el compresor hasta su régimen nominal y luego comparar la lectura de la mirilla con el diagrama correspondiente. Esta acción debe realizarse después que el compresor haya parado (a los 10 segundos de dicha parada) y verificar que los niveles son óptimos.

Recuerde

El control de aceite se realiza para evitar que las partes móviles del sistema de climatización, sobre todo el compresor, presenten rozamientos, lo que puede provocar daños y costosas reparaciones.

En función de sus características y dimensiones, la instalación puede disponer de dispositivos de control, que se activan cuando la presión diferencial entre la aspiración del gas del compresor y la de la bomba de aceite no se encuentran dentro de los parámetros ajustados.

Para asegurar que no falta lubricante refrigerante, se coloca en el circuito un **presostato diferencial de aceite** que interrumpe la alimentación eléctrica del compresor cuando la diferencia de presión entre la salida de la bomba y el cárter sea demasiado baja. Si la presión diferencial cae por debajo del valor mínimo aceptable, es obligatorio que se detenga el compresor después de un retardo de 120 segundos por medio del presostato. Este tiene que ser rearmado manualmente una vez se haya eliminado el problema que provocó el disparo del mismo.

Presostato diferencial de aceite

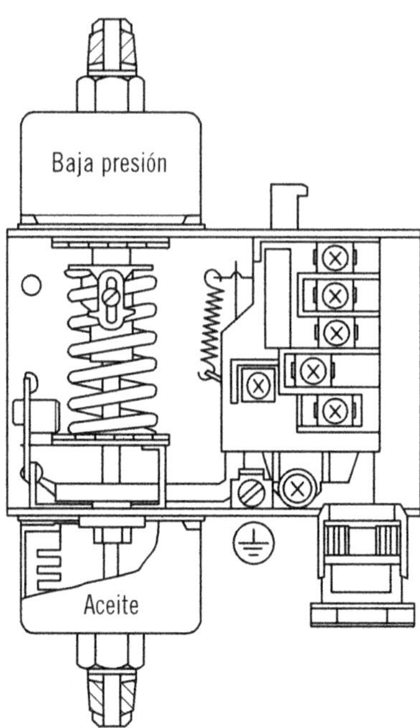

Nota

El control de la presión diferencial de aceite con un presostato de seguridad aprobado, es una condición necesaria para la aplicación de la garantía del compresor.

En compresores sin bomba de aceite (inferiores a 10 CV) ni control de presión o nivel, es imprescindible realizar comprobaciones y pruebas periódicas de la calidad y cantidad de lubricante de los compresores.

En equipos con control de presión o control de nivel se deben de hacer las mismas comprobaciones aunque se disponga de controladores que alertan de la falta de aceite.

Tan importante como la cantidad, es la calidad del lubricante de las instalaciones de climatización, ya que si cambia sus propiedades puede dejar de funcionar correctamente y no realizar la labor que tiene encomendada, provocando fallos. Uno de buena calidad mejora el rendimiento de los compresores y la longevidad de los mismos.

9. Medición de caudales de aire en los locales

Una vez que la instalación está terminada, se coloca el ventilador del equipo en marcha y se comprueba la velocidad del aire en cada dependencia. Las medidas se deben realizar en las salidas de ventilación, con sus elementos puestos, ya sean rejillas de impulsión o difusores. Hay que comprobar que llegue el caudal que se describió en la memoria técnica del proyecto. Las mediciones las realizará personal cualificado de la empresa para poder evaluar correctamente los datos obtenidos.

Si una vez realizadas se verifica que las mediciones no coinciden con los cálculos, debe comprobarse si es debido a algún fallo en la instalación o si se trata de un error en las mediciones o en los cálculos.

Es muy importante tener en cuenta la pérdida de carga que se produce en el interior de los circuitos por el rozamiento del aire con las paredes del conducto.

Si en una instalación hay problemas de exceso de caudal en las rejillas más cercanas a la unidad interior y falta de caudal en las más lejanas, habrá que comprobar las compuertas de regulación entre el conducto y las rejillas. Estas se irán cerrando con dos objetivos: conseguir el caudal necesario en la instalación y provocar la pérdida de carga deseada en las rejillas próximas al ventilador de impulsión.

10. Mediciones de aforos de caudal en conductos

Estas mediciones van a permitir comprobar cual es el caudal que circula por el interior de los conductos que componen la instalación de climatización, justificando que los aforos calculados en el proyecto se corresponden con los practicados en el montaje.

Definición

Aforo de un conducto
Medición de la cantidad de fluido que circula en una unidad de tiempo.

Nota

Existen caudalímetros que, introduciendo el diámetro del conducto o la superficie, proporcionan directamente el caudal.

El caudal es la cantidad de aire que pasa por el conducto en un determinado tiempo.

$$\text{Caudal} = \frac{\text{Volumen}}{\text{Tiempo}}$$

No puede medirse directamente el caudal de aire en el interior del conducto, sino que se debe calcular una vez conocidas la sección del conducto montado y la velocidad del fluido circulante, según la fórmula siguiente:

$$Q = A \cdot v$$

Donde:

Q = Caudal que circula por el conducto.

A = Sección del conducto.

v = Velocidad media del flujo de aire.

La sección es un dato conocido del proyecto.

La velocidad puede medirse empleando sensores de diferentes tipos. Los más comunes son: el tubo de Pitot, sondas térmicas y sondas de molinete.

Nota

En los equipos de medida hay que distinguir entre: sensor, que es la parte del equipo que convierte el valor físico de la medición en una señal que puede ser leída por el instrumento, sonda que contiene, protege y permite el uso del sensor en una aplicación particular, e instrumento que convierte la señal que llega del sensor en un dato legible en un *display* o similar.

El **tubo de Pitot** es un instrumento con el que se obtiene la medida de la presión dinámica. Está formado por dos tubos concéntricos (normalmente de acero), uno de los cuales mide la presión total de la corriente de aire en la que está inmerso y el otro mide la corriente estática. La rama que mide la presión total sigue la dirección del flujo y los orificios de la estática son perpendiculares a ella.

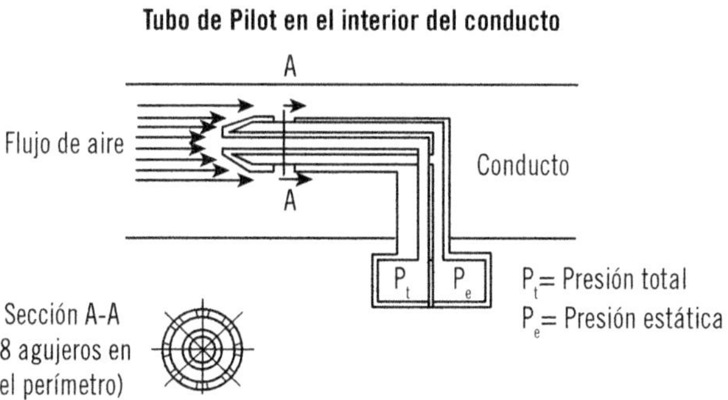

Las lecturas de las salidas de cada uno de los tubos se obtienen conectando a un manómetro de presión diferencial. Se trata de presión dinámica que depende de la velocidad.

Tubo de Pitot e instrumento de medición

Las **sondas térmicas** (o sensores de flujo másico de convección térmica o termoanemómetros) basan su funcionamiento en medir el enfriamiento que la corriente de aire que circula por el conducto causa en un elemento metálico calentado (alambre o bola).

Hay dos tipos de sensores térmicos:

- **Los que operan a potencia constante.** Están formados por dos sensores, uno de los cuales permanece a temperatura ambiente y el otro está caliente. La diferencia de temperatura entre ambos, medida como voltaje o intensidad de corriente, es directamente proporcional a la velocidad del fluido, y por tanto al caudal.
- **Los que operan a temperatura constante.** Poseen un regulador que mantiene constante la temperatura, y lo que se mide es la cantidad de corriente necesaria para mantenerla así.

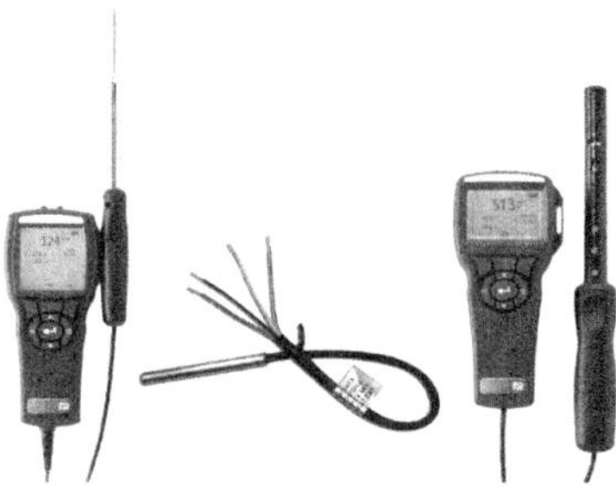

Sondas térmicas e instrumento de medición

Las **sondas de molinete** basan su funcionamiento en la conversión de las revoluciones por minuto a las que gira en una señal eléctrica (aunque también puede medirse con un reloj). Un sensor "cuenta" las revoluciones a las que gira el molinete y emite una secuencia de pulsos que en el instrumento de medida se traducen en el cálculo de los valores de la velocidad.

Molinete e instrumento de medición

Nota

Las sondas de molinete reciben otros nombres, como: sondas de tipo mecánico, medidores con rueda giratoria, anemómetros, velómetros, etc.

La siguiente tabla refleja a qué velocidad es más adecuado el uso de cada instrumento.

Medidas de velocidades

Instrumento	**Rango óptimo de velocidades**
Tubo de Pitot	3 m/s*
Termoanemómetro	5 - 40 m/s
Anemómetro de molinete	< 5 m/s

* A menor velocidad, pierde precisión.

Para la medida de la velocidad es necesario tomar una serie de precauciones, ya que de no hacerlo, se falsearían los datos obtenidos. Los trazados que siguen los conductos en las instalaciones de climatización no suelen ser rectos. Al contrario, contienen numerosos elementos (codos, válvulas, uniones, etc.) que modifican la dirección y sección del flujo de forma que no es uniforme.

Para minimizar los errores que estos elementos introducen en las mediciones es recomendable escoger los puntos de medida en las partes más rectas de los conductos, a una distancia comprendida entre 7 y 10 veces el diámetro interior del canal aguas abajo del elemento que crea la distorsión del flujo, y a 4 veces el mismo diámetro aguas arriba. También se recomienda realizar varias mediciones en cada sección del tubo para obtener la velocidad media:

- **Para conductos circulares** el número de medidas oscila entre 6 y 20 (6 lecturas para conductos de diámetro inferior a 15 cm), tomadas en dos diámetros situados sobre coronas circulares de igual área dentro de la sección recta.
- **Para rectangulares** la sección del conducto se divide en rectángulos de igual área, y se toma la lectura en el centro de cada uno, teniendo en cuenta que entre ellos la distancia debe ser al menos de 15 cm.

Medición en conductos circulares/Medición de conductos rectangulares

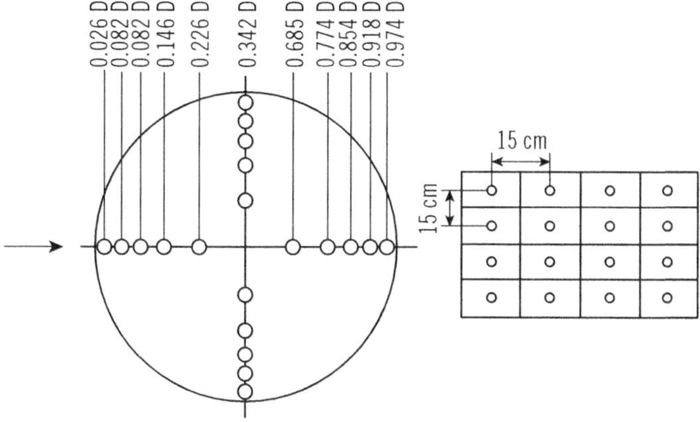

Aplicación práctica

Una conducción circular de 20 cm de diámetro interior posee un codo a 2 m de una bifurcación, ¿podría colocarse un molinete en ese trayecto?

SOLUCIÓN

Para que estos elementos no distorsionen la medida que proporciona el molinete, esta debería tomarse a una distancia de 7 a 10 veces el diámetro de la conducción después del codo y de 4 veces antes de la bifurcación en los 2 m que separan a ambos. Eso corresponderá a 1,7 m después del codo y a 0,8 m antes de la bifurcación, pero como no pueden cumplirse ambas condiciones, no sería posible obtener una medición sin distorsiones en esa distancia.

11. Medición de temperatura

Para ello hay que separar en la instalación dos zonas bien diferenciadas, una será la temperatura de funcionamiento del equipo, y la otra la de bienestar en las zonas habitadas.

En la medición de la temperatura del equipo se utilizan sondas y termómetros.

Si la instalación es grande las sondas pueden estar fijas y monitorizadas para un control remoto de la instalación desde una sala de mando.

Si no se cumplen estas condiciones, en la puesta en marcha se comprobará de nuevo el subenfriamiento y el sobrecalentamiento para verificar que todo funciona correctamente.

Para esta medición normalmente se utiliza el termostato de la máquina que se sitúa en una zona habitada no muy ventilada, y a una altura media para que esta medida sea la real de la temperatura ambiente. Estos termostatos normalmente regulan el paro-marcha del equipo en función de la temperatura demandada. Si se alcanza la deseada, el termostato envía la señal de parada a la instalación para favorecer un ahorro de energía. Su colocación es crucial para el correcto funcionamiento del equipo.

La temperatura seca del aire de los locales que alberguen piscinas climatizadas se mantendrá entre 1 °C y 2 °C por encima de la del agua del vaso, con un máximo de 30 °C. Pueden utilizarse diferentes sensores.

Nota

Los sensores suelen estar preparados para realizar tanto esta medida, como para la transducción de dicho dato. En muchas ocasiones convierten directamente los °C en un valor correspondiente a alguna magnitud eléctrica, como tensión, resistencia, etc.

11.1. Termopares

Son sensores electrónicos de temperatura que convierten la medida física en una señal eléctrica. Se basan en el efecto termoeléctrico. Están formados por dos conductores de distintos metales o aleaciones soldados por una de sus puntas (junta caliente o de medida). Cuando la punta soldada se somete a una temperatura diferente a la que existe en los extremos libres (unión fría), se genera entre estos últimos una pequeña diferencia de voltaje que depende de la diferencia de temperatura entre la de la junta caliente y la unión fría, y de la composición del termopar. En función del material del que están hechos los conductores existen diferentes tipos de termopares. Cada uno es adecuado para trabajar en un rango de temperaturas diferentes.

Los sensores se conectan al equipo de medida por medio de cables de extensión (si son del mismo material que el termopar) o de compensación (si son de distinto material pero con características eléctricas similares), y de conectores que se calculan para que no introduzcan errores en la medida. No son muy precisos, pero sí muy económicos y de rápida visualización.

Conexión del termopar al equipo de medida

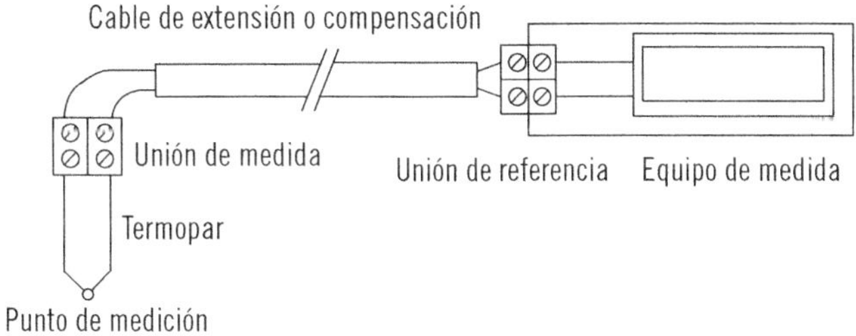

11.2. Termorresistencias

De manera simple puede decirse que son sensores fabricados con compuestos cuya resistencia eléctrica varía de acuerdo a la temperatura a que se ven sometidos, y en los que esta es traducida directamente a un valor de resistencia eléctrica. Uno de los materiales más empleados en la fabricación de termorresistencias es el platino, siendo el termorresistor más utilizado de todos el Pt-100, por ser 100 W la resistencia del sensor a 0 °C. Estos se presentan para su uso como un rollo de hilo de platino sobre un aislamiento de vidrio o cerámica, o también como una película de platino depositada sobre un soporte cerámico rectangular.

Se conectan a los equipos de medida mediante cables. Aunque la resistencia de los conductores puede introducir errores en la medición, esta se compensa utilizando técnicas de conexión que minimicen el fallo introducido.

12. Medición de presiones

En las instalaciones de climatización hay que diferenciar entre la presión en el interior de los conductos y la del interior del circuito frigorífico.

En los conductos es difícil medir la presión, y básicamente sirve para calcular el equipo de climatización que hay que poner en función de la instalación. Este dato hay que tenerlo en cuenta porque existen dispositivos que dan el caudal suficiente para las dependencias, pero no la presión para llegar a la última rejilla, con lo que no se consigue la distribución de aire deseada.

Para medir la presión de refrigerante dentro del circuito frigorífico se emplearán los **manómetros.**

Manómetro

Mide la **presión manométrica.** Para medir la del refrigerante o la de dentro del circuito, se conecta el manómetro a los obuses de carga de alta y baja presión y la lectura obtenida corresponderá a la del interior del circuito.

Definición

Presión manométrica

Diferencia entre la presión absoluta (referida a la presión 0 en el vacío) y la atmosférica (diferencia de presión entre un punto determinado de un fluido y la presión atmosférica).

La presión a la que trabaja el refrigerante varía en función del tipo y de la temperatura exterior.

Recuerde

Los medidores de presión pueden integrarse en mecanismos actuadores, como los de apertura y cierre de contactos de maniobra, denominados presostatos que se emplean para detectar presiones que estén por encima o por debajo de un nivel preestablecido, y que actúan evitando que el aparato que controlan siga funcionando cuando no está dentro de rango.

Existen diferentes manómetros según la sonda que incorporen. En los de membrana, el elemento sensor es una lámina delgada que actúa como diafragma que soporta presiones diferentes a ambos lados. Esta diferencia de presiones hace que dicha membrana sufra una deformación que se transmite a una aguja indicadora que señala la medida en el frente del manómetro. También pueden obtenerse lecturas digitales. Se obtienen mediciones de presiones absolutas, relativas o manométricas dependiendo de la que haya en el recinto que se toma como referencia. Así:

- Si se practica el vacío al recinto y se sella herméticamente se obtendrá la presión absoluta.
- Si se encuentra a presión atmosférica se obtendrá la presión manométrica.

- Si se le somete a una presión de referencia determinada se obtendrá la presión relativa.

13. Medición de humedades

En las instalaciones de climatización, tan importante como la temperatura ambiente es la humedad relativa, ya que influye en la sensación térmica. Por eso hay que controlar esta última en las zonas ocupadas, y asegurar que esté dentro de los parámetros fijados por el RITE para el confort y la salud de las personas.

Humedad relativa establecida por el RITE para las condiciones interiores de diseño

Estación	Humedad relativa %
Verano	45-60
Invierno	40-50

Nota

La sensación térmica refleja la opinión que tienen las personas de su bienestar, en función de las condiciones termohigrométricas que determinan el ambiente en el que se encuentran.

Este reglamento permite algunas excepciones, admitiéndose una humedad relativa del 35 % en las condiciones extremas de invierno durante cortos períodos de tiempo, o una relativa en torno al 65 % en piscinas cubiertas, sin superar esta para proteger los cerramientos de la formación de condensaciones.

Existen diferentes equipos para medir la humedad que pueden clasificarse en función del método de medida que utilicen (psicrómetros, higrómetros, etc.).

Los **psicrómetros** están formados por dos termómetros, uno que tiene el bulbo seco, y el otro está permanentemente humedecido por medio de un paño o gasa que lo recubre y que se encuentra en contacto con un depósito que contiene agua. La diferencia de temperatura que muestran ambos termómetros dependerá de la humedad. Para encontrar la que corresponde a esa diferencia de temperatura se emplean tablas (proporcionadas junto con el psicrómetro) que dan directamente la humedad relativa del aire.

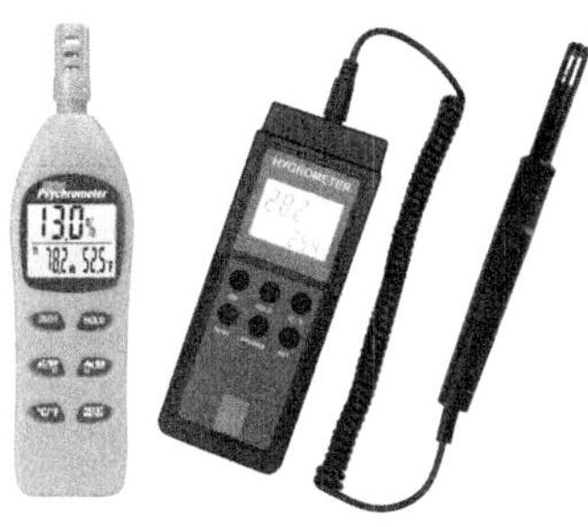

Psicrómetro / Higrómetro

Recuerde

El exceso de humedad dentro de la zona ocupada provoca una sudoración excesiva en las personas y un malestar continuo ya que el cuerpo no puede transpirar. La falta de esta provoca sequedad en el ambiente y en las mucosas. En la práctica, los problemas se tienen en zonas costeras y próximas a humedales, pero con la refrigeración, al resecar los ambientes, se equilibra. En los lugares más secos, la falta de humedad en recintos cerrados se puede corregir con un recipiente (un cenicero por ejemplo) con agua, para que se evapore.

Los **higrómetros** basan su funcionamiento en la variación de las características mecánicas o eléctricas que la humedad causa en determinados elementos. Así, los eléctricos basan su funcionamiento en que determinadas sustancias (óxido de aluminio, determinados polímetros, etc.), su resistencia eléctrica superficial, o su capacidad varían en función de la humedad ambiental. La medida es rápida, cómoda, y además permite el volcado de datos a un ordenador para poder realizar el ajuste del sistema.

14. Pruebas de corrientes y distribución de aire en los locales

El aire en el interior de los conductos puede discurrir con flujo laminar o con flujo turbulento, en función de la velocidad, y de la forma y dimensiones de los mismos:

- **Régimen laminar:** tiene lugar si todas las partículas van paralelas por el interior del conducto (caso de velocidades bajas). En el aire aparece cuando las velocidades son menores de 1 m/s.
- **Régimen turbulento:** se caracteriza porque en el flujo aparecen movimientos de rotación y remolinos.

Flujo laminar y turbulento en el interior del conducto

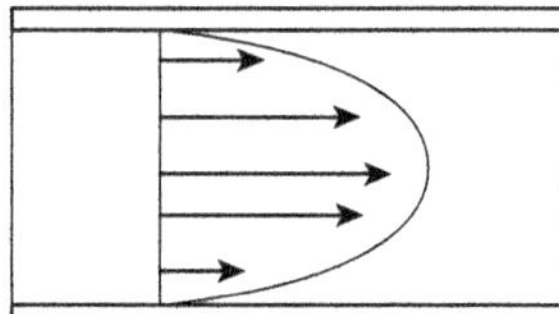

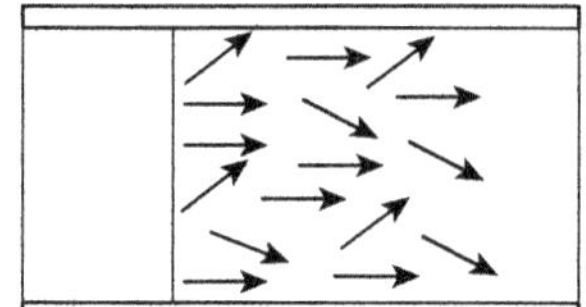

Las instalaciones se diseñan para que el flujo en el interior de los conductos sea laminar, o con las menos turbulencias posibles, ya que la presencia de estas en el aire origina ruido, que será mayor cuanto mayor sea el desorden que manifiestan las partículas.

En las instalaciones de distribución de corriente se emplean los siguientes sistemas de difusión:

a. **Sistema de flujo unidireccional:** en este sistema el aire se introduce en el recinto con un impulso que hace que se desplace de un lado a otro del mismo, de manera vertical u horizontal, generando un efecto de barrido.

Para conseguir este efecto deben colocarse las rejillas de impulsión y de retorno enfrentadas a un lado y a otro de la habitación, o en el suelo y techo. De este modo se consigue que circule por todo el local. El inconveniente es que se producen fuertes gradientes de temperatura y de calidad del aire en la dirección que se produce el desplazamiento.

Sistema de difusión por flujo unidireccional

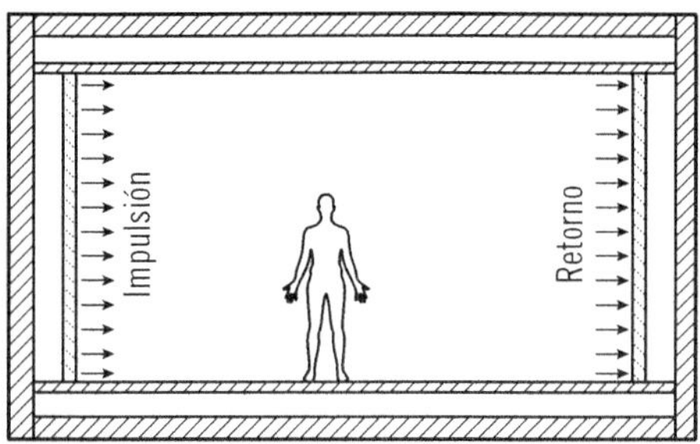

b. **Sistema de flujo multidireccional:** con este sistema se consigue mantener la temperatura y la calidad del aire en todo el recinto. El aire introducido en el sistema se mezcla con el del ambiente. Se evita así que la corriente que se introduce en el recinto se pierda por completo, como ocurría en la distribución unidireccional. Las rejillas de impulsión y retorno están próximas, y al retornar, parte de este se mezcla con el de impulsión favoreciendo el mantenimiento de la temperatura y calidad en el recinto.

Sistema de difusión por flujo multidireccional

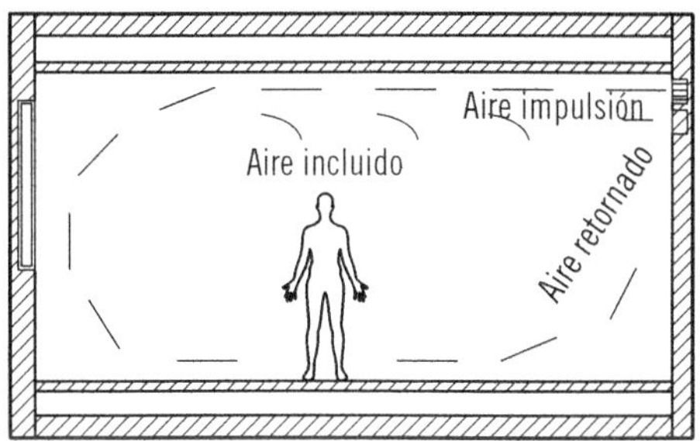

c. **Sistema de desplazamiento:** se caracteriza porque el aire es introducido en el recinto sin impulso, por lo que el desplazamiento de este se origina en relación a las corrientes ascendentes que se producen por la presencia de fuentes de calor en el lugar. Al calentarse cambia de densidad y es más ligero que el aire frío con lo que tiende a subir. En este tipo de instalaciones el retorno siempre se encuentra en la zona alta.

Sistema de difusión por desplazamiento

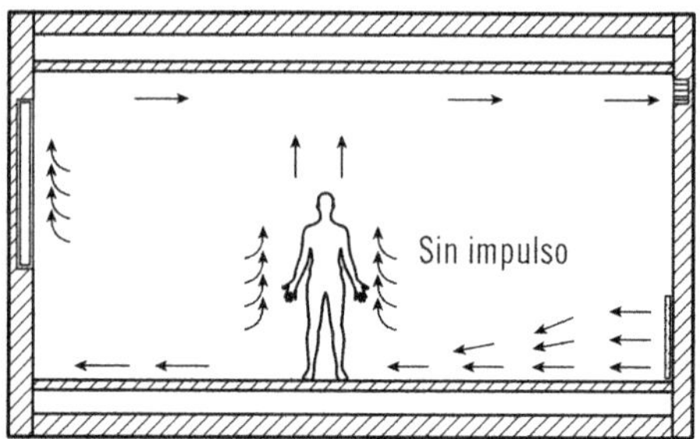

Otro aspecto a tener en cuenta en las instalaciones y que debe controlarse es la **estratificación.** Es un fenómeno natural por el que las capas de aire más caliente tienden a situarse en niveles más altos y las capas más frías se sitúan en niveles más bajos, algo que es positivo en época de verano, pero no en el invierno. Esta característica influye en recintos con techos superiores a los 4 metros de altura (normalmente en naves industriales, pabellones deportivos, salas de congresos, etc.).

En períodos cálidos es recomendable propiciar la estratificación del aire. Para favorecer este proceso las rejillas de retorno se colocan lo más altas posible.

En invierno la estratificación se debe evitar para mantener el aire caliente en las partes inferiores del local, donde se situarán los usuarios del mismo. En este caso, las rejillas deberían situarse cerca del suelo para reconducir el aire frío.

Estratificación del aire

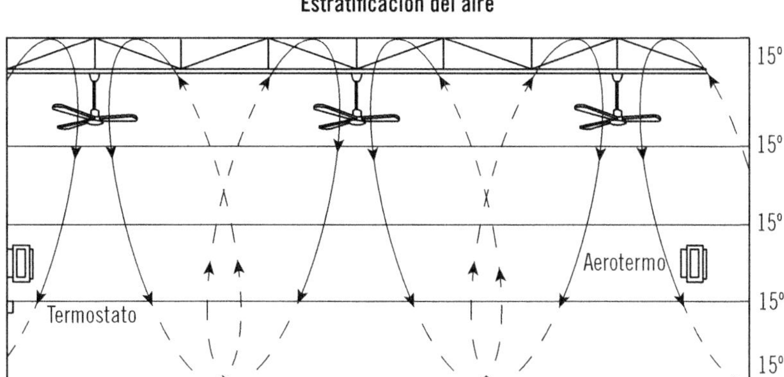

Otra solución para los locales con techos muy altos es colocar ventiladores que funcionan en invierno, evitando la estratificación del aire.

La sensación de confort la proporcionan tanto las características del aire, como la distribución de éste en el interior de los locales. La velocidad influye en la capacidad de transmisión de calor por convección, con un flujo alto, se producen enfriamientos de zonas del cuerpo localizadas (tobillos, nuca, etc.) que crean sensaciones desagradables. Hay que procurar que el aire se distribuya de manera uniforme por la habitación, evitando la formación de corrientes que incidan directamente sobre las personas. Para impedir que llegue directamente a los individuos hay que actuar sobre los elementos terminales de la instalación. La siguiente tabla muestra la reacción normal de las personas ante una corriente.

Hay que tener en cuenta que las velocidades en la boca de salida del sistema de impulsión no son las mismas que las medidas dentro de los locales (normalmente a 2 m sobre el suelo). Se considera que el aire está bien distribuido si desde la boca de impulsión alcanza ¾ de la longitud de la sala, con una velocidad favorable.

Efectos de la velocidad del aire

Velocidad del aire	Reacción de las personas
0 a 0.8	Quejas por aire estancado
0.12	Ideal. Favorable
0.12 a 0.25	Favorable con reservas
0.35	Los papeles se levantan
0.40	Máximo para las personas que se desplazan despacio
0.40 a 1.5	Instalaciones acondicionamiento grandes espacios

Para averiguar cuál es a la salida de la rejilla o difusor, debe medirse con un anemómetro a una distancia de 30 cm en la horizontal de ese punto. Pero para comprobar cuáles son las características del aire en la zona ocupada, deben tomarse medidas en los sitios en los que normalmente se desarrollará la actividad prevista para el local climatizado. La siguiente figura muestra las alturas de medición de los parámetros ambientales.

La velocidad del aire aumenta proporcionalmente con el caudal, afectando fundamentalmente al alcance del aire y al ruido producido.

Alturas de medición de los parámetros

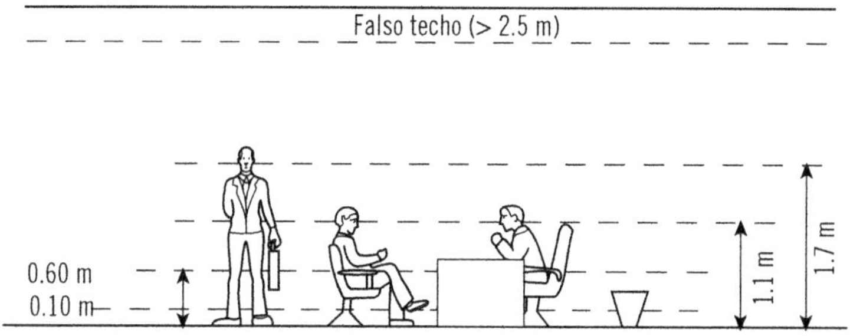

15. Medición de ruidos

El ruido es también causa de grandes molestias. Cuando se realiza el diseño, para que resulte lo más silencioso posible, tienen que estudiarse cuidadosamente los componentes que van a montarse, y dónde y cómo deben colocarse. Cuando se haga la puesta en marcha de la instalación, se habrá de comprobar que no se escucha ningún ruido raro, y que los que se producen, se encuentran dentro de los márgenes de tolerancia legalmente permitidos.

Las principales fuentes de ruido son:

- **Los motores de los ventiladores y del compresor.** Debe controlarse sobre todo el del ventilador de la unidad interior.
- **Las vibraciones de los equipos.** Tienen que estar bien sujetos y colocados con silentblocks para atenuar el ruido.
- **Las rejillas de ventilación.** Si llega mucho caudal de aire y con demasiada presión sonará un silbido molesto. Habrá que colocar un silenciador antes de la rejilla, o cambiarla por otra más grande.

Silentblock
Son piezas de un material flexible o elastómero, normalmente caucho, que dispuestas en los apoyos de las piezas sobre las estructuras, absorben choques y vibraciones, y consecuentemente el ruido.

Todos los equipos del mercado producen algún sonido, pero la sensación de molestia es personal. Cada uno tiene una tolerancia diferente al ruido. También influyen las características de instalación: la tolerancia será distinta según se trate de una zona residencial, de una fábrica, o un hospital.

Nota

Los niveles de ruido se miden en la zona habitable. No se pueden hacer en el foco, ya que se iría atenuando con la distancia y no tiene sentido decir que una máquina es molesta si, por ejemplo, suena en el techo de un cuarto de baño, no oyéndose en las dependencias donde transcurre la mayor parte del tiempo de trabajo.

Los niveles que se pretenden alcanzar para una calidad acústica aplicables al espacio interior habitable de edificaciones destinadas a vivienda, usos residenciales, hospitalarios, educativos o culturales se observan en la tabla siguiente:

Objetivos de calidad acústica para el ruido

Uso de edificio	Tipo de recinto	Índices de ruido (en decibelios)		
		Periodo día (Ld)	Periodo tarde (Le)	Periodo noche (Ln)
Vivienda o uso residencial	Estancias	45	45	35
	Dormitorios	40	40	30
Hospitalario	Zonas de estancia	45	45	35
	Dormitorios	40	40	30
Educativo o cultural	Aulas	40	40	40
	Salas de lectura	35	45	35

Para la medición se utilizan **sonómetros.** Están compuestos de un micrófono, una unidad de procesamiento y otra de lectura. Proporcionan una indicación del nivel acústico (promediado en el tiempo) de las ondas sonoras que inciden sobre el micrófono. El nivel del sonido se visualiza normalmente sobre una escala graduada con un indicador de aguja móvil o en un indicador digital. Los resultados medidos se expresan en decibelios (dB).

Sonómetro

Nota

Referidos a los valores resultantes del conjunto de emisores acústicos que inciden en el interior del recinto (instalaciones del propio edificio, actividades que se desarrollan en este o colindantes, ruido ambiental transmitido al interior). Los objetivos de calidad aplicables en el espacio interior están referenciados a una altura de entre 1,2 m y 1,5 m. (R. D. 1367/2007, Anexo II).

Los equipos utilizados no deben de superar los límites exigidos en el documento **DB-HR protección frente al ruido del CTE** en lo referente a instalaciones de climatización que les afecten. Los suministradores incluirán en la documentación los valores de las magnitudes que caracterizan los ruidos y las vibraciones procedentes de los montajes en los edificios.

Se instalarán sobre soportes antivibratorios elásticos o sobre bancadas de inercia dependiendo de su tamaño. Estas serán de hormigón o de acero, de manera y forma que absorban las vibraciones y no las transfieran al edificio. Entre ellas y la estructura del inmueble deben interponerse elementos antivibratorios.

Las conexiones de entrada y salida de tuberías a los equipos se realizarán con manguitos flexibles para que no se transfiera el ruido al circuito interno. Los conductos de aire acondicionado deben ser absorbentes acústicos cuando se requiera, y deben utilizarse silenciadores específicos. Se evitará el paso de las vibraciones a los elementos constructivos mediante sistemas antivibratorios, tales como abrazaderas, manguitos y suspensiones elásticas.

Manguito flexible

16. Pruebas de seguridad de los aislamientos y conexionado de elementos, equipos y máquinas de climatización

Antes y durante la puesta en marcha, también habría que comprobar todas las conexiones eléctricas del sistema.

Nota

Antes de comenzar cualquier tipo de conexión eléctrica se realizarán primero las conexiones frigoríficas y las pruebas de estanqueidad.

Antes de comenzar con cualquier trabajo eléctrico hay que verificar que la instalación está completamente aislada de cualquier otra y libre de tensión.

A continuación, se procede a conectar los elementos a tierra para evitar descargas por posibles derivaciones.

También hay que observar que el voltaje y la frecuencia de la fuente de alimentación se corresponden con los requeridos.

Debe comprobarse que los magnetotérmicos e interruptores funcionan correctamente.

Las conexiones eléctricas deben ser fieles a los esquemas suministrados por los fabricantes de los equipos. Hay que verificar que se han realizado conforme a las instrucciones.

Para el buen uso y manejo del sistema de climatización tienen que seguirse siempre las indicaciones e instrucciones dadas por el fabricante.

Importante

A la hora de conectar un motor hay que comprobar la frecuencia a la que trabaja. Un mismo motor no se puede utilizar en América del Norte (60 Hz) y en Europa (50 Hz).

17. Resumen

Mediante la prueba hidráulica se comprueba que un recipiente soportará la presión deseada, permitiendo verificar el correcto funcionamiento de las válvulas y la no existencia de fisuras o pérdida de carga.

La prueba de estanqueidad permite detectar fallos de hermeticidad en los conductos del sistema de climatización. Se realiza antes de la puesta en servicio. Puede emplearse gas inerte a presión, gases trazadores, etc.

La realización del vacío permite eliminar la humedad y el aire en el interior de las instalaciones. Como consecuencia, también permite la detección de fugas.

En el trabajo con refrigerantes deben tomarse las precauciones necesarias, tanto por la naturaleza de estos (pueden producir vapores ácidos, quemaduras por enfriamiento, etc.) como por encontrarse dentro de recipientes a presión.

Una vez que se ha comprobado que la instalación es estanca, que no tiene fugas, y que se ha realizado el vacío, hay que proceder a cargar el circuito frigorífico con el gas refrigerante. La forma de realizar la carga dependerá de si es zeotrópico o si es azeotrópico.

Los tipos de contaminación más perceptibles por parte de los usuarios son la acústica y la del aire

La velocidad del aire se determina por medio de tubo de Pitot, las sondas térmicas y las sondas de molinete.

La medición de la temperatura permite comprobar que tanto el equipo como el ambiente climatizado se encuentran dentro de los valores establecidos en el diseño. Se determina por medio de sondas y termómetros.

La medición de la humedad es importante, ya que junto con la temperatura influye en la sensación térmica. Para la medición de la humedad se emplean los psicrómetros y los higrómetros.

Para detectar los niveles de ruido se emplean los sonómetros.

Ejercicios de repaso y autoevaluación

1. Indique si es verdadera o falsa la siguiente afirmación:

a. Las pruebas hidráulicas se realizan para comprobar que un recipiente soportará la presión deseada.

- ☐ Verdadera
- ☐ Falsa

2. La función principal de la realización de vacío es:

a. Favorecer el funcionamiento con niveles altos de humedad.
b. Buscar fugas en el circuito frigorífico.
c. Eliminar restos de humedad y de aire de la instalación.
d. Introducir aire en la instalación para buscar fugas.

3. Indique si es verdadera o falsa la siguiente afirmación:

a. La realización de vacío siempre se hace después de la carga de refrigerante para evitar fugas en el circuito.

- ☐ Verdadera
- ☐ Falsa

4. Indique si es verdadera o falsa la siguiente afirmación:

a. Los gases refrigerantes nunca se deben transportar en envases sobrecargados.

- ☐ Verdadera
- ☐ Falsa

5. A la hora de manipular los gases refrigerantes hay que tener en cuenta que...

a. ... pueden producir vapores ácidos en contacto con una llama.
b. ... deben de manejarse en locales bien ventilados.

c. ... en contacto con la piel pueden producir quemaduras por enfriamiento.
d. Todas las opciones son correctas.

6. Indique si es verdadera o falsa la siguiente afirmación:

a. Si no se conoce la carga de refrigerante que lleva la instalación, esta se puede determinar estudiando el subenfriamiento y sobrecalentamiento del fluido refrigerante en el interior del circuito.

- ☐ Verdadera
- ☐ Falsa

7. Indique qué instrumento que emplearía para medir la siguientes magnitudes:

1. Humedad:
2. Presión:
3. Temperatura:
4. Caudal:

8. Ante una corriente de aire con una velocidad de 0,12 m/s, las personas suelen reaccionar...

a. ... con quejas por el aire estancado.
b. ... desfavorablemente, ya que se vuelan los papeles.
c. ... favorablemente, pero con reservas.
d. ... favorablemente. Ideal.

9. Indique si es verdadera o falsa la siguiente afirmación:

a. Los sonómetros están compuestos de un micrófono, una unidad de procesamiento y otra de lectura, proporcionando una indicación del nivel acústico.

- ☐ Verdadera
- ☐ Falsa

10. Complete el siguiente texto:

Los equipos de climatización se instalarán sobre soportes ____________________ elásticos o sobre ______________________ de inercia, dependiendo de su tamaño.

Capítulo 4

Puesta en marcha y mediciones reglamentarias de instalaciones de ventilación-extracción

Contenido

1. Introducción

Las instalaciones de ventilación se encargan de extraer o introducir aire nuevo en un ambiente o zona interior evitando la formación de ambientes insalubres.

Para su puesta en marcha, debe comprobarse que la ejecución se ha realizado conforme al proyecto y que se han seguido las instrucciones dadas tanto por el redactor del mismo, como por los fabricantes de los equipos montados. También hay que asegurarse que se alcanzan los parámetros de seguridad y confort establecidos.

Todas estas comprobaciones implican la toma de medidas a una serie de variables para lo cual se emplearán los instrumentos y sensores adecuados.

2. Medición de caudales de aire

Antes de realizar la puesta en marcha de las instalaciones de ventilación–extracción debe comprobarse que todo funciona conforme al proyecto, en cuya elaboración se habrán tenido en cuenta los requisitos de la calidad del aire interior que aparecen recogidos en el **Código Técnico de la Edificación,** CTE. Para los demás lugares que no aparezcan reflejados en dicho CTE, en el cálculo se tendrá en cuenta el **Reglamento de Instalaciones Térmicas en Edificios, RITE.**

Caudal
Volumen o cantidad de aire desplazado por unidad de tiempo.

La siguiente tabla refleja los caudales de ventilación mínimos exigidos según el **CTE** en su sección **HS 3** de calidad del aire interior.

Tipo de vivienda	Caudales mínimo q_v en l/s				
	Locales secos			Locales húmedos	
	Dormitorio principal	Resto de dormitorios	Salas de estar y comedores	Mínimo en total	Mínimo por local
0 o 1 dormitorios	8	-	6	12	6
2 dormitorios	8	4	8	24	7
3 o más dormitorios	8	4	10	33	8

Locales	Caudales mínimo q_v en l/s	
	Por m^2 útil	En función de otros parámetros
Trasteros y sus zonas comunes	0,7	
Aparcamientos y garajes		120 por plaza
Almacenes de residuos	10	

Para mantener la calidad del aire en el interior de los locales debe producirse la renovación del mismo. Para que los equipos proporcionen la cantidad adecuada debe conocerse el volumen que es necesario aportar. Este es diferente dependiendo del tipo de local y de la actividad en él desarrollada.

Importante

En cualquier recinto ventilado, el aire ni se fabrica ni se destruye, por lo que si se extrae aire por una abertura, deberá entrar el mismo caudal por otra.

En función del tipo de local y de la actividad desarrollada en este, se habrá de calcular el número de renovaciones de aire por hora. Este dato sirve para determinar la capacidad que deberá tener el extractor.

Esta renovación puede producirse de forma natural si en el local existen suficientes aberturas, o bien ser una renovación forzada. En esta última se disponen ventiladores que extraen el aire del local, o que impulsan a su interior corriente externa a través de conductos, dotados de rejillas, filtros y difusores.

Para determinar la velocidad del aire, se emplean anemómetros o tubos de pitot.

Siempre que sea posible, deben revisarse todas las uniones de los conductos y las conexiones con los equipos de impulsión-extracción para comprobar que no existe ningún tipo de fuga en los mismos que pueda ocasionar que no llegue el aire suficiente a las ubicaciones deseadas, o que no se consiga eliminar toda la corriente viciada del local.

Aplicación práctica

En un apartamento con un solo dormitorio, salón-comedor, aseo y cocina de 3 m^2, ¿cuál será el caudal de ventilación mínimo exigido, el l/s?

SOLUCIÓN

Se trata de una vivienda de un solo dormitorio y salón comedor, y como cuartos húmedos tiene la cocina y un aseo. Por cuarto húmedo el mínimo son 12 l/s o 6 l/s por estancia, en este caso al haber 2 estancias coinciden con el mínimo. En total la ventilación necesaria sería:

8 (dormitorio) + 6 (salón) + 12 (cocina y aseo)= 26 l/s

3. Aforos de caudal en conductos

El aforo de un conducto es la capacidad que tiene para transportar un determinado volumen de aire. Viene determinado por las dimensiones de los tubos destinados a la ventilación-extracción. Para calcular el aforo debe conocerse el caudal de aire necesario en un local para luego proceder al cálculo de la sección del conducto en cada momento.

El caudal es el volumen de aire por unidad de tiempo. En los tubos de ventilación no es posible utilizar los caudalímetros por sus dimensiones y porque estos son fijos y no interesa tenerlos solo para calcular la corriente. Para medir el caudal se utiliza un método indirecto en el que hay que conocer la velocidad a la que circula el aire y la sección del conducto.

Para ello se utiliza la fórmula siguiente:

Cálculo del caudal en función de la velocidad y la sección

Caudal = Sección interior x velocidad del fluido

Para el cálculo de la velocidad con la que circula el aire por el interior del conducto se utiliza un **anemómetro.** Cuantas más medidas se tomen, más fiable resultará la medición. A continuación, se indican las pautas a seguir para ello:

- En los conductos circulares hay que tomar al menos cuatro medidas, por lo que se dividirá el radio en cuatro partes, y se medirá la velocidad en cada una de las divisiones, es decir, en el centro, en ¼ del radio, en ½ del radio y en ¾ del radio, como se observa en la figura siguiente.
- Cuando los conductos sean rectangulares, se tomará un mínimo de seis medidas, en grupos de tres: tres de ellas arriba y otras tres abajo.

Tomas de velocidad en el interior de los conductos

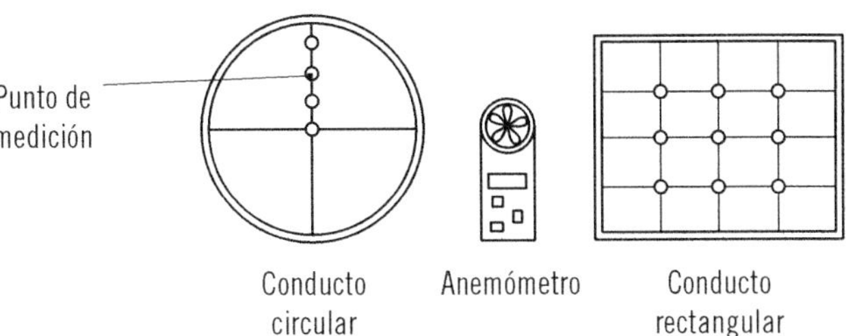

Si no se conoce la sección de los conductos, habrá que calcularla, para lo que pueden emplearse las fórmulas que aparecen a continuación:

- Conducto circular:

Sección = π x
D2/4

El parámetro D corresponde al diámetro interior del conducto.

- Conducto rectangular:

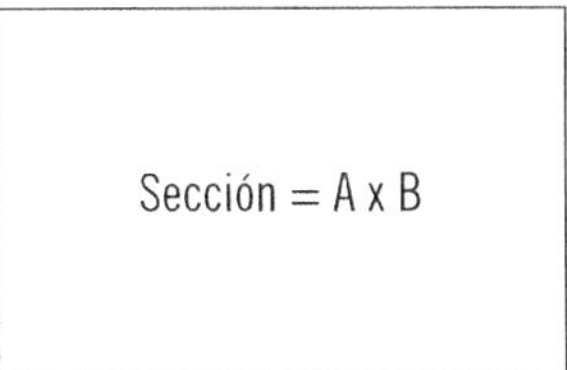

Los parámetros A y B corresponden siempre a los lados interiores del conducto.

Debe tenerse en cuenta que cuando cambia la sección de los conductos se produce una variación de la velocidad. En la figura siguiente puede observarse cómo manteniendo el caudal constante en el interior de un conducto, la variación de la velocidad del fluido es inversamente proporcional a la modificación que se produce en la sección de este. Esto significa que cuanto mayor sea la sección, más pequeña será la velocidad y viceversa. Esta relación inversa aparece reflejada en el gráfico bajo el conducto.

Cambio de sección de un conducto y representación de la velocidad en función de la sección a lo largo del mismo

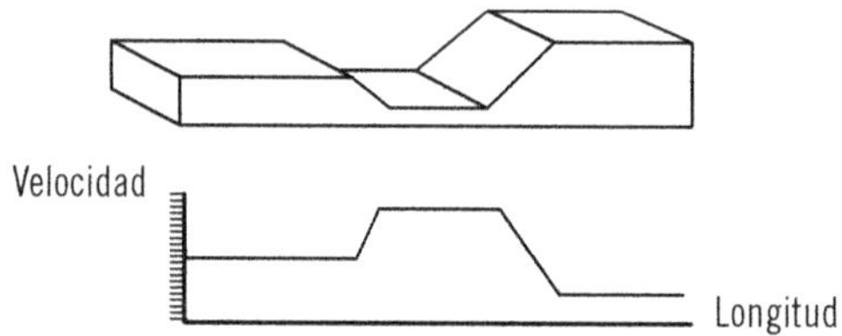

Para realizar medidas usando un anemómetro, hay que colocarlo en dirección perpendicular al flujo de aire en el conducto, así, en el caso de que este sea horizontal es necesario situarse a un lado del tubo y mantener el molinete del anemómetro en una posición más elevada que la mano. Para medidas de flujo vertical, hay que poner el molinete en horizontal, prestando atención a que ni la mano ni el cuerpo, afecten al flujo del aire y por tanto a la exactitud de la medición. Una vez hecho, es necesario sacar una media aritmética de todas ellas, esto es, se suman todas mediciones realizadas y se dividirá el resultado por la cantidad de ellas, como se muestra en la fórmula siguiente:

$$X_{media} = (X_1 + X_2 + X_3 + \ldots + X_n) / n$$

Donde:

$X_1, X_2 \ldots X_n$ = valores obtenidos en las mediciones.
n = número de medidas realizadas.

¿Cuál será el caudal de aire que circule por un conducto circular de 40 cm de diámetro, si se han obtenido las siguientes mediciones de velocidades? Centro: 6 m/s, ¼ radio: 4,5 m/s, ½ radio: 3 m/s, ¾ radio: 1,2 m/s.

SOLUCIÓN

Al aplicar la fórmula correspondiente, la superficie del conducto circular resulta ser de 0,13 m^2. La velocidad media en él es 3,67 m/s. Al sustituir estos valores en la fórmula del caudal se obtendrá 0,48 m^3/s.

4. Medición de temperaturas

La medición de temperaturas en las instalaciones de ventilación se realiza para conseguir que dentro de los locales se mantengan unas condiciones térmicas adecuadas.

Las medidas de referencia para comprobar que una instalación funciona conforme al proyecto serán las que se fijan en la normativa, es decir, las que marca el RITE:

Temperatura operativa	
Estación	**Temperatura operativa °C**
Verano	23-25
Invierno	21-23

Para que se puedan mantener en los locales las condiciones de diseño previstas, ajustando los consumos de energía a las variaciones de la carga térmica, todas las instalaciones de ventilación estarán dotadas de los sistemas de control automático necesarios que incluirán sondas y termómetros para captar los valores de la temperatura en los puntos oportunos.

Nota

Las variaciones de temperatura detectadas en los locales van a servir para regular el número de ventiladores que deben ponerse en marcha y también su velocidad hasta que se vuelva a alcanzar la temperatura preestablecida.

En la puesta en marcha debe comprobarse que las sondas funcionan correctamente y marcan una lectura correcta.

El aire de renovación que entra en una instalación se encuentra a una temperatura que puede no corresponder a la que se necesite en el interior del local. Por eso en estas reposiciones hay que atemperar el aire que entra del exterior y así no romper las condiciones térmicas de la sala. Para ello se utilizan recuperadores de calor.

Nota

Los recuperadores de calor son sistemas de ventilación que emplean un contra-flujo de calor entre la entrada y la salida del flujo de aire.

Estos permiten una eficaz renovación del aire sin derrochar el calor del aire interior, lo que lleva a ahorrar energía de calefacción en valores entre un 15 y 30 %. El aire de entrada no se mezcla con el de salida, pero sí están en contacto para ceder o sustraer calor, según se necesite calentar o enfriar el aire de renovación, como puede apreciarse en la siguiente figura.

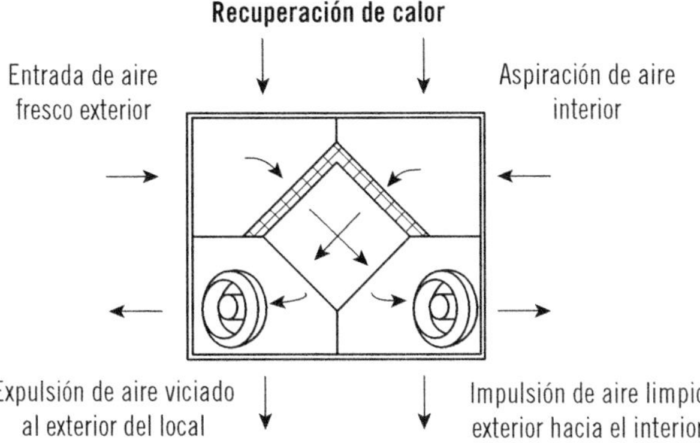

Para medir la temperatura se utilizan sondas inmersas en los conductos. Estas están provistas de sensores, por ejemplo, Pt-100.

Los sensores suelen colocarse en los recuperadores de calor en los que las medidas obtenidas sirven para regular las aberturas del recuperador y así mejorar la eficiencia de los mismos.

Nota

En el RITE se regula el uso de recuperadores de calor, concretamente la eficiencia de la recuperación en los sistemas de climatización en los que el aire expulsado al exterior sea superior a 0,5 m^3/s.

5. Medición de presiones

Las mediciones de presiones en las instalaciones de ventilación se realizan en múltiples puntos, ya que los datos obtenidos van a servir no solo para saber si el caudal de aire circula adecuadamente, sino que también se emplean para la puesta en marcha y regulación del ventilador o del extractor. La presión determina el empuje que necesita el aire para circular por el interior de los conductos. En los conductos existen tres clases:

- **Presión estática, Pe.** Es la que ejerce el fluido en todas las direcciones dentro del conducto. Puede ser positiva si es superior a la atmosférica o negativa si está por debajo de ella.
- **Presión dinámica, Pd.** Solo se manifiesta cuando el aire está en movimiento y en la dirección del mismo. Varía con la velocidad. Es la que acelera al aire desde cero a la velocidad de régimen.
- **Presión total, Pt.** Es la suma de las dos anteriores.

$$P_t = Pe + Pd$$

En las instalaciones la presión dinámica es la que más limita el movimiento del aire en el interior de los conductos. Es necesario verificarla para redistribuirla de forma adecuada en cualquier punto de la instalación.

Presión del aire en el interior de un conducto

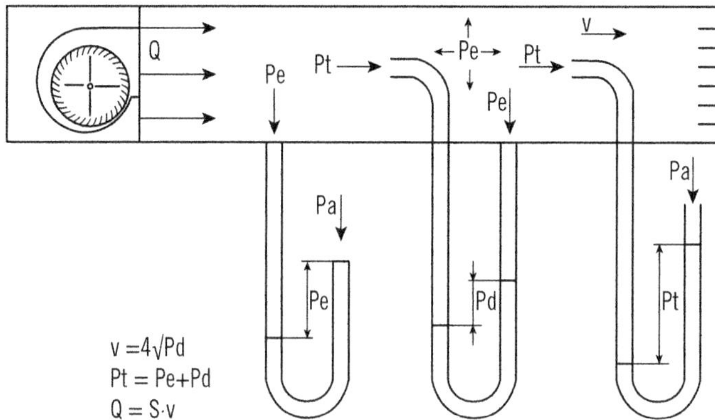

Definición

Velocidad de régimen
Velocidad a la que se desplaza el aire dentro del conducto.

La siguiente imagen muestra la presión dinámica del aire en función de su velocidad.

Presión dinámica del aire en función de su velocidad

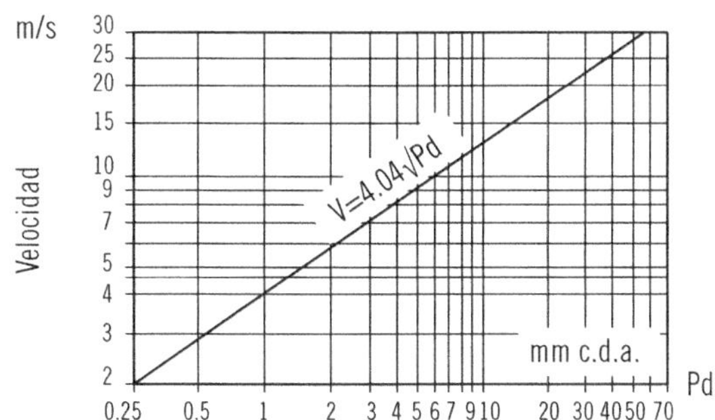

El ábaco anterior es muy importante para realizar una medición correcta de la presión en el interior del conducto. Se tendría que comprobar la fuerza que ejerce sobre una superficie plana en el interior del ábaco para calcularlo adecuadamente. La tabla está calibrada y comprobada.

Aplicación práctica

¿Cuál será la presión dinámica en mm.c.a. correspondiente a una velocidad de 4 m/s?

SOLUCIÓN

Para averiguar este dato se emplea la gráfica que muestra el valor de la presión dinámica del aire en función de la velocidad. En el eje vertical se busca el lugar correspondiente a 4 m/s. Se traza una línea horizontal desde este lugar hasta que se corte la línea que atraviesa la gráfica en diagonal, y por ese punto de corte se marca una línea vertical hasta el eje horizontal, donde se halla el valor que le corresponde a la presión dinámica que es 0,95 mm.c.a. Para ello se han interpolado los valores, ya que no se trata de una gráfica lineal. Si ahora se sustituye este dato de la presión dinámica en la fórmula de la velocidad que se observa en la diagonal del diagrama, se obtendrá 3,97 m/s, valor muy aproximado al del enunciado. La diferencia es debida a las deficiencias en la interpolación.

En las mediciones de presión hay que conocer si el conducto trabaja en compresión (empujando el aire) o en depresión (aspirando el aire), ya que las medidas serán diferentes. En las instalaciones de extracción, hay que comprobar que la presión de succión del ventilador es la suficiente para mover el caudal por el interior del conducto y expulsarlo al exterior.

La lectura de las presiones se realiza por medio de manómetros. Los más adecuados son los que proporcionan la presión diferencial, que son idóneos para el registro de la sobrepresión. En muchos casos ofrecen versiones en las que existe separación física entre los elementos de medición y la caja que muestra los registros.

6. Pruebas de corrientes de aire en los locales

Para una correcta distribución del aire en el interior de los locales deben tenerse en cuenta los factores que influyen en el movimiento del aire, como son:

- Geometría de las unidades de impulsión de aire.
- Situación de las unidades de impulsión en el local.
- Temperatura y velocidad del aire de impulsión.
- Situación de las unidades de extracción.
- Geometría del local y situación del mobiliario.
- Situación de las unidades de impulsión con respecto a los cerramientos exteriores.
- Tipo y situación de las fuentes de calor.

En los locales hay que comprobar que el flujo de aire circulante garantiza la renovación del interior, pero sin causar malestar en los ocupantes. De los sistemas de distribución existentes (de flujo unidireccional, de flujo multidireccional y de desplazamiento), el que menores molestias por corrientes produce es el de desplazamiento, en el que la circulación del aire también se ve favorecida por la estratificación. La situación de las aberturas de retorno no tiene ninguna influencia sobre el movimiento de la corriente en el local, aunque podría existir peligro de cortocircuito lo que disminuiría la eficacia de la ventilación.

Definición

Efecto cortocircuito
Colocación de las aperturas de impulsión y retorno es tal que el aire introducido es enviado directamente a las rejillas de retorno impidiendo que cedan el frío o calor que transporta y no realizando por tanto el barrido de toda el área prevista.

En el de flujo unidireccional, los gradientes de temperatura y la calidad del aire se ven comprometidos por la distribución enfrentada de las rejillas de impulsión y retorno, de tal forma que habrá que realizar mediciones que garanticen que, desde la impulsión, el aire realiza ¾ del recorrido total con una aceleración que no resulte molesta.

Nota

Para tomar las medidas de velocidad en el retorno de aire con un anemómetro, se pasa por toda la rejilla, rozándola y se busca la media. Con un tubo de Pitot, se coloca la sonda entre las lamas.

Las velocidades de impulsión deben tomarse en las salidas de las rejillas y difusores:

- **En las rejillas,** si la velocidad se mide con un tubo de Pitot o similar, hay que colocar la boquilla en los espacios entre las lamas, realizando mediciones en varios puntos, y luego calculando la media. Si la medida se toma con un anemómetro, hay que ir pasando este por toda la superficie frontal, tomando la velocidad en puntos diferentes y a una distancia de aproximadamente 10 cm de la boca de expulsión, para posteriormente hallar la media.
- **En el caso de los difusores circulares,** hay que tocar el difusor en cada anillo para tomar la lectura de la velocidad, y después hacer la media.

7. Medición de niveles de ruidos vibraciones

Lo primero que debe tenerse en cuenta es a qué condición sonora se le puede llamar ruido y a cuál no. Frente a la medición, los equipos utilizados en las instalaciones de ventilación de locales no deben de superar los límites exigidos en el documento **DB-HR protección frente al ruido del CTE.**

Los conductos de extracción que discurran dentro de una unidad de uso deben revestirse con elementos constructivos cuyo índice global de reducción acústica, ponderado A, RA, sea al menos 33 dBA, salvo que sean de extracción de humos de garajes en cuyo caso deben revestirse con elementos constructivos cuyo índice global de reducción acústica, ponderado A, RA, sea al menos 45 dBA.

También cuando el conducto se adose a un elemento de separación vertical se evitará el paso de las vibraciones de los conductos a los elementos constructivos, mediante sistemas antivibratorios tales como abrazaderas, manguitos y suspensiones elásticas.

Además hay que conocer cuál es la fuente de dicho ruido. En las instalaciones de ventilación-extracción es producido principalmente por los motores de los ventiladores, aunque también lo produce el caudal de aire que circula por el interior de los conductos, que será mayor cuanto mayor sea el caudal y/o la velocidad de circulación.

Para comprobar el nivel de ruido deben situarse sonómetros en las áreas críticas (como por ejemplo, en las salidas de los conductos a los locales). Si al probar una instalación los niveles de ruido son superiores a los esperados, deberá localizarse el foco del ruido e intentar solucionar el problema.

En el punto de descarga de un conducto en un local, el sonido que se obtiene corresponde al que emite una fuente de una potencia sonora igual a la del elemento emisor, disminuida por las atenuaciones del tubo.

Las vibraciones son el resultado del movimiento de los ventiladores si no están bien sujetos. Estos transmiten una presión al conducto de impulsión y/o de retorno que puede producir ruidos molestos si no está bien dimensionado o ejecutado su montaje, a bastante distancia del equipo. Para medirlas se usan los **sensores de vibración.** Estos detectan las vibraciones de una máquina y convierten la señal acústica en una señal eléctrica que puede enviar a un indicador digital. Se colocan en las carcasas de los motores, en las bancadas, etc.

Transmisión a un local de la onda sonora generada por un ventilador

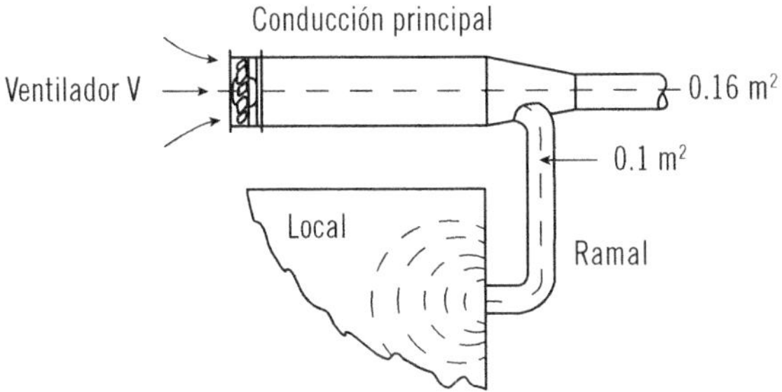

Aplicación práctica

En un local que emplea un sistema de desplazamiento para la distribución del aire, se percibe un ruido procedente de las rejillas de ventilación, ¿qué puede producirlo?

SOLUCIÓN

Al tratarse de un sistema de desplazamiento, debe descartarse el ventilador como fuente del ruido, ya que en este sistema el aire se introduce en el recinto sin impulso, y por tanto carece de ventilador o extractor. Deberá buscarse el origen en otros elementos o parámetros de la instalación, como por ejemplo, que el tamaño de las rejillas no sea el adecuado para el caudal que se necesita.

8. Pruebas y medidas de contaminación

Para mantener en el interior de los locales la calidad del aire que se requiere en función de su uso, se emplean varias técnicas:

- Mantener un caudal de renovación adecuado en función del número de personas que se encuentren en el local o de la superficie de este.
- Mantener la concentración de CO_2 (en ppm) por debajo de determinados valores.
- Que la percepción directa olfativa y visual (con su carga de olores diferentes y elementos irritantes contenidos en el aire) también se mantenga por debajo de determinados niveles.
- Bajar la concentración de sustancias contaminantes por debajo del límite fijado por las autoridades sanitarias.

Y para hacer que el sistema "reaccione" (activando/desactivando ventiladores, abriendo/cerrando rejillas, etc.) asegurando la calidad del aire, deben realizarse pruebas y medidas de contaminación. Los contaminantes ambientales más significativos son: dióxido de carbono (CO_2), monóxido de carbono (CO), vapores orgánicos, fibras, polvo en suspensión, etc. Otras sustancias que pueden encontrarse en ambientes cerrados son humos, productos de limpieza y desinfección, ozono desprendido por las fotocopiadoras o la ionización de la atmósfera.

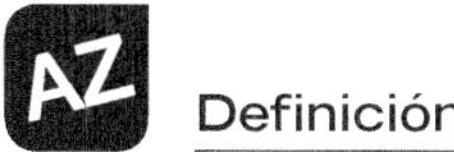

Definición

Iones

Moléculas de aire que poseen carga eléctrica. Hay positivos y negativos, y en una atmósfera equilibrada están en una proporción de 5:4. Existen sospechas, aunque no está completamente demostrado que la ausencia de iones positivos en ambientes cerrados ocasiona muchos problemas dermatológicos, falta de concentración, somnolencia, etc.

Para detectar la presencia de estas sustancias se emplean sensores de calidad del aire. Los medidores incluyen varios sensores para detectar diferentes sustancias (CO_2, CO, etc.), permitiendo al usuario elegir el parámetro que desea medir.

Para el CO_2, el sensor contiene un emisor de luz que manda un haz con la longitud de onda de absorción, y un receptor de luz que recibe este haz atenuado (diferencia entre emisión y recepción) en una cantidad proporcional a la cantidad de CO_2 presente en el aire o mezcla de gases que se está analizando.

Para las mezclas de gases se emplean sensores que detectan la presencia de contaminantes que no son producidos por las personas, como por ejemplo, humos.

Los dispositivos medidores de iones consisten en dos placas que se colocan dejando entre ellas una separación de 0,75 cm y aplicando una tensión variable. Son recogidos, se miden con un **picoamperímetro** y se registra la intensidad de la corriente, obteniéndose la concentración de iones a partir de la intensidad de la corriente eléctrica generada. Para medir diferentes concentraciones de iones se actúa variando la tensión aplicada.

Los sensores de prueba emiten una señal eléctrica proporcional al nivel de contaminación producida. A medida que empeora la calidad del aire, la señal eléctrica aumenta.

Definición

Picoamperímetro
Medidor de corrientes de precisión, capaz de medir las corrientes muy bajas inducidas por la radiactividad en el aire, por el efecto fotoeléctrico y similares.

Puede ser utilizada para controlar los elementos de la instalación. Así, con estos sensores se puede regular automáticamente la cantidad del aire exterior a utilizar en función del nivel de contaminación del interior (personas, olores, humo, etc.), actuando sobre la rejilla exterior o variando la velocidad de los ventiladores de impulsión o extracción.

Recuerde

El RITE indica que la calidad del aire exterior debe ser tenida en cuenta, por lo que debe ser filtrado para eliminar las partículas de suciedad exterior, y garantizar que la calidad del aire interior sea la adecuada.

Para asegurar la calidad del aire interior, debe comprobarse que los filtros de la instalación están colocados correctamente y que no están saturados por el polvo o partículas de suciedad. En muchas instalaciones, la filtración del aire de entrada se realiza en dos etapas: primero se colocan los prefiltros, que son una unidad menor que el filtro siguiente.

9. Pruebas de medidas de seguridad de los aislamientos y conexionado de elementos, equipos y máquinas de ventilación-extracción

En las instalaciones de ventilación-extracción deben seguirse siempre las indicaciones dadas en el proyecto y las establecidas por los fabricantes de los equipos.

Siempre, antes de la puesta en marcha de cualquier instalación, hay que comprobar que las conexiones se han realizado conforme a los esquemas eléctricos, que los motores de los ventiladores están conectados adecuadamente y que su sentido de giro es el correcto. En equipos monofásicos el sentido de giro del motor es siempre el mismo, pero en motores con conexiones trifásicas varía en función de la conexión. Si al probarlo gira al contrario deben cambiarse de posición dos fases en la conexión del motor.

Nota

Los motores de potencias superiores a los 0,75 kV deben estar provistos de sistemas de arranque como el sistema estrella-triángulo para reducir el pico de la intensidad durante su puesta en marcha.

También debe verificarse:

- La conexión de puesta a tierra de la instalación para evitar todo riesgo de contacto eléctrico.
- Que las secciones de cable son suficientes para que no exista sobrecalentamiento en los cables por la intensidad.

En la puesta en marcha de los motores hay que comprobar que la intensidad consumida por estos esté dentro de los valores establecidos, ya que un exceso de intensidad significa que el motor está trabajando por encima de sus posibilidades y se puede quemar.

10. Resumen

Para la medición de los caudales de aire deberán tenerse en cuenta los caudales de ventilación mínimos exigidos para lograr la calidad del aire interior. Este viene fijado por el CTE y por el RITE.

Para calcular los aforos de caudal en los conductos debe conocerse cuál es su sección interior y a qué velocidad circula el aire en su interior. La velocidad del aire se toma utilizando anemómetros.

La medición de temperaturas se realiza por medio de sondas colocadas en diferentes ubicaciones.

Las mediciones de presión se realizan en múltiples puntos, y los valores obtenidos se emplean, por ejemplo, para la puesta en marcha o para la regulación del ventilador.

El aire en el interior de los locales debe renovarse para garantizar la calidad del mismo. El método de renovación del aire interior elegido, debe garantizar que el movimiento del aire no causará molestias a sus ocupantes.

Para medir el ruido que producen los motores de los ventiladores en las instalaciones de ventilación, se emplean sonómetros que deben situarse en los puntos críticos. Para medir las vibraciones se emplean sensores de vibración.

La presencia de sustancias que alteran la calidad del aire (CO_2, CO, vapores orgánicos, polvo en suspensión, etc.) se detecta mediante sensores de calidad del aire. Estos sensores pueden emplearse para poner en marcha un ventilador, variar su régimen de funcionamiento, abrir y cerrar rejillas, etc., de forma que entre más o menos cantidad de aire.

Antes de la puesta en marcha de la instalación de ventilación, debe comprobarse también que todas las conexiones eléctricas son correctas, que los ventiladores giran en sentido adecuado, que el conexionado a tierra es idóneo, etc.

Ejercicios de repaso y autoevaluación

1. Al modificar la sección de un conducto con caudal constante...

a. ... la velocidad aumenta al aumentar la sección.
b. ... la velocidad no varía porque el caudal es el mismo.
c. ... la velocidad aumenta al disminuir la sección.
d. ... la velocidad disminuye al disminuir la sección.

2. Para medir la velocidad en el interior de un conducto...

a. ... se deben realizar al menos 3 mediciones si los conductos son circulares.
b. ... se deben realizar al menos 2 medidas si los conductos son rectangulares.
c. ... se deben realizar al menos 4 mediciones si los conductos son circulares.
d. ... se deben realizar al menos 4 medidas si los conductos son rectangulares.

3. Las condiciones interiores de temperatura operativa son:

a. Entre 23-25 °C en invierno.
b. Entre 21-23 °C en invierno.
c. Entre 21-25 °C en invierno.
d. 23 °C en verano e invierno.

4. El recuperador de calor permite ahorrar en energía de calefacción...

a. ... un 15 %.
b. ... un 30 %.
c. ... un 45 %.
d. ... entre un 15 y un 30 %.

5. Enumere tres tipos de presión que se pueden encontrar dentro de un conducto.

____

____

---

6. Indique si es verdadera o falsa la siguiente afirmación:

a. La presión dinámica es la que acelera el aire desde cero a la velocidad de régimen.

- ☐ Verdadera
- ☐ Falsa

7. Complete el siguiente texto:

En las mediciones de presión hay que conocer si el conducto trabaja en compresión (con el ventilador ________________el aire hacia el conducto) o en ______________ (con el ventilador aspirando el aire del conducto), ya que las medidas serán diferentes. En las instalaciones de ____________________ hay que comprobar que la presión de succión del ventilador es la suficiente para mover el caudal por el interior del conducto y expulsarlo al exterior.

8. En el sistema de flujo por desplazamiento...

a. ... el aire es introducido sin impulso.
b. ... el aire introducido se mezcla completamente con el del ambiente
c. ... el aire es introducido con impulso
d. ... el aire se desplaza de un lado a otro del local.

9. ¿Cómo se miden las velocidades de impulsión en los difusores circulares?

____

____

10. ¿Qué sensor se emplea para medir las vibraciones causadas por los componentes de la instalación?

a. Sonómetros.
b. Sensores de vibraciones.
c. Manómetros.
d. Anemómetros.

Capítulo 5

Programación y regulación de automatismos en instalaciones de climatización y ventilación-extracción

Contenido

1. Introducción
2. Ajuste y control de automatismos en instalaciones de climatización por frío y calor
3. Regulación, modificación, ajuste y comprobación de parámetros de las instalaciones de climatización y ventilación-extracción
4. Comprobación y pruebas de resistencia, aislamiento y seguridad del sistema eléctrico para la puesta en marcha de ambos tipos de instalaciones
5. Resumen

1. Introducción

En este capítulo se tratan los componentes para la regulación de las instalaciones de climatización y de ventilación-extracción necesarios para conseguir las condiciones de confort en el interior de los recintos de manera automática. Los ordenadores y controles automáticos aplicados han revolucionado el control de las instalaciones reduciendo cableado y vigilando en un espacio reducido una gran cantidad de operaciones. Los sistemas automáticos son capaces de responder a actuaciones en función de varias variables controladas.

Se analizarán los ajustes de regulación y control y las comprobaciones de resistencia eléctrica de los materiales.

2. Ajuste y control de automatismos en instalaciones de climatización por frío y calor

Para el ajuste y control de los automatismos se utilizarán los mismos elementos en ambos modos, frío y calor. Lo que varía de uno a otro serán los parámetros de funcionamiento.

Nota

El objeto es asegurar un funcionamiento continuo y adecuado a las necesidades de los usuarios, sin rebasar los límites fijados por la normativa.

En la puesta en marcha, los sistemas automáticos servirán para medir caudales, presión, temperatura, etc. Una vez que esté funcionando correctamente y a régimen, estos mismos medios sirven para controlar que no ocurra ningún fallo o para detectarlos en el menor tiempo posible.

Los sistemas de control son los encargados de mantener las variables de una instalación de climatización o de ventilación-extracción, ajustadas a los valores prefijados. Esto se consigue actuando sobre diferentes elementos del sistema.

Cuentan con los siguientes componentes:

1. **Sensores:** son los encargados de realizar la lectura de las condiciones ambientales. Se llaman también captor, detector o sonda.
2. **Dispositivos de mando:** llamados regulador o comparador, reciben la información del sensor, la procesan y envían una orden a los actuadores.
3. **Actuadores:** estos dispositivos son los responsables de ejecutar las órdenes que reciben del dispositivo de mando.

2.1. Sensores

En las instalaciones de climatización, tanto para la producción de frío como para la de calor, el ajuste y control de automatismos se realiza a través de sensores de diferentes parámetros.

Temperatura

Se pueden utilizar los siguientes dispositivos de control.

Bulbos con un refrigerante interior

Son unos bulbos metálicos que al variar la temperatura en su interior el refrigerante cambia su presión, aumentando o disminuyendo, lo que permite medir la temperatura.

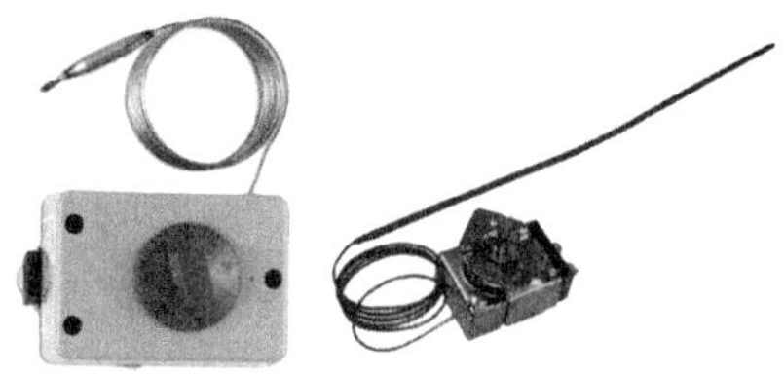

Termostatos de bulbo con refrigerante

Bimetales

La temperatura medida a través de bimetales está basada en el diferente índice de dilatación que poseen dos láminas de distintos metales soldadas entre sí. Al variar la temperatura, los metales dilatan y al tener diferentes coeficientes de dilatación, cada uno lo hace de manera distinta. La diferencia entre ellos provoca que uno se curve de manera proporcional a la temperatura, obteniendo la medida de esta. Es utilizado en termostatos de marcha-paro.

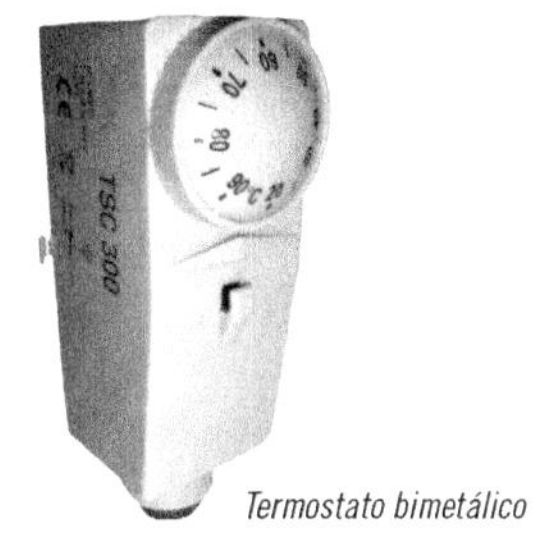

Termostato bimetálico

Funcionamiento bimetálico

Frío

Extremo fijo

Caliente

Este metal tiene un mayor coeficiente de dilatación lineal

Este metal tiene un menor coeficiente de dilatación lineal

Sondas termopar

Están formadas por dos hilos de diferentes metales unidos por una pequeña soldadura que produce una diferencia de potencial eléctrico y que varía al cambiar la temperatura que se está midiendo.

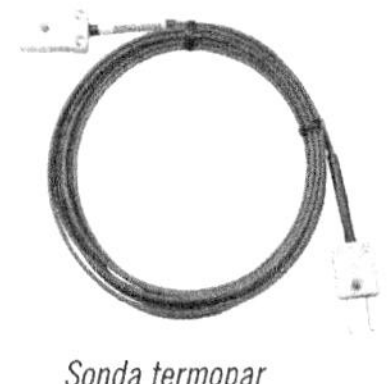

Sonda termopar

Resistencias

Es un instrumento utilizado para medir las temperaturas aprovechando la dependencia de la resistencia eléctrica de métales, aleaciones y semiconductores (termistores) con la temperatura, tal es así que se puede utilizar esta propiedad para establecer el carácter del material como conductor, aislante o semiconductor. Al cambiar la temperatura estos metales varían su resistividad.

Sonda termométrica de platino

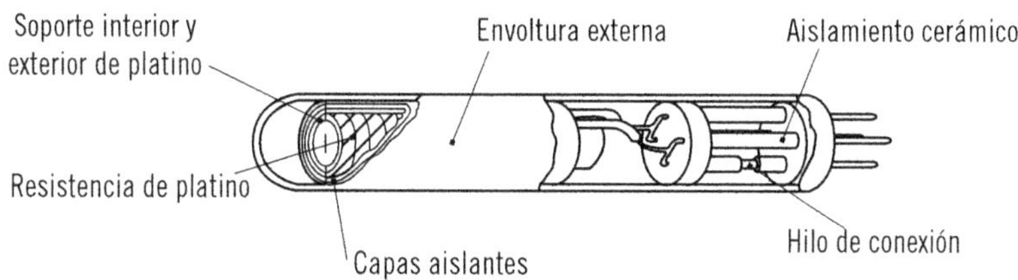

Termómetro de resistencia de níquel

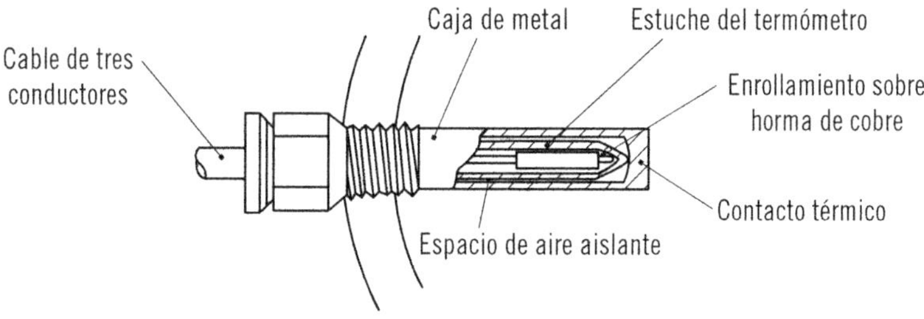

Sabía que...

Las sondas resistivas más utilizadas son de las platino (Pt) y de las níquel (Ni).

Presión

Es importante esta medida tanto en climatización como en los conductos de aire de ventilación-extracción y en el circuito frigorífico. Existen diferentes dispositivos para medirla.

Tubo Bourdon

El funcionamiento de este sistema es un tubo enrollado, cerrado en una punta, que tiende a enderezarse cuando por el otro extremo se le aplica una presión. El desplazamiento, por medio de engranajes y eslabones, se convierte en un movimiento proporcional de una aguja calibrada que mide la presión del circuito.

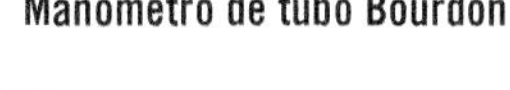
Manómetro de tubo Bourdon

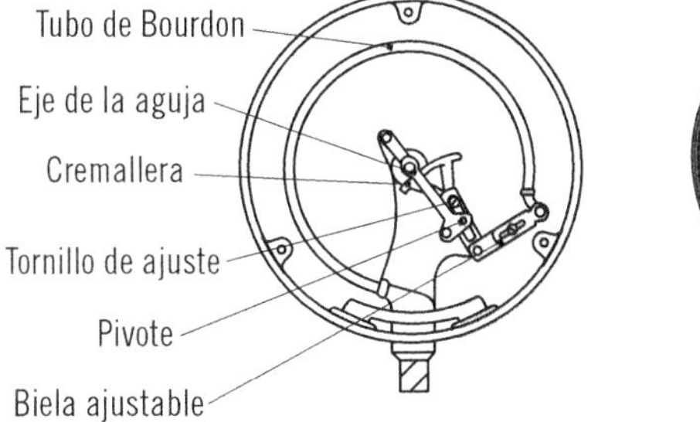

Fuelles metálicos

Estos manómetros miden la presión a través de un muelle o resorte que está en contacto con el fluido por una de sus caras. Este se dilata o se contrae según la presión que tenga el fluido. La dilatación o contracción del muelle se transmite por medio de un piñón a una aguja calibrada.

Manómetro con fuelle metálico

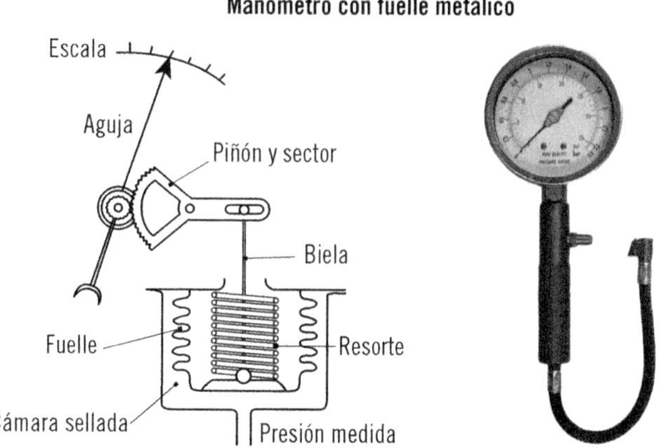

Discos capacitivos

Mide la diferencia de potencial eléctrico generado por el cambio en la capacidad de un condensador formado por dos discos separados y realizados en material dieléctrico y flexible. Al ejercer presión, estos se acercan y cambia la capacidad del condensador. Esta diferencia es recogida por un receptor calibrado que interpretará la presión del circuito.

Receptor y sensores capacitivos

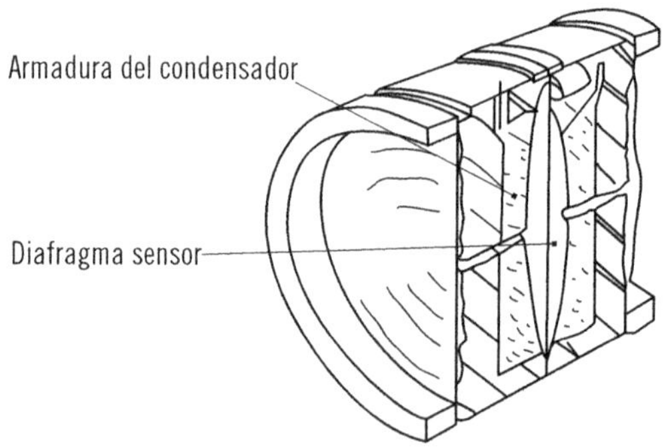

Caudal

Este valor es muy importante en cualquier instalación en la que se utilicen fluidos: aire, agua, gas refrigerante, etc., para el transporte de energía. Existen diferentes dispositivos para medirlo.

Molinetes

Son parecidos a las aspas de un ventilador sumergidas en un fluido y al moverse provoca su giro. Para medir el caudal, el contador cuenta la cantidad de vueltas que dan por segundo.

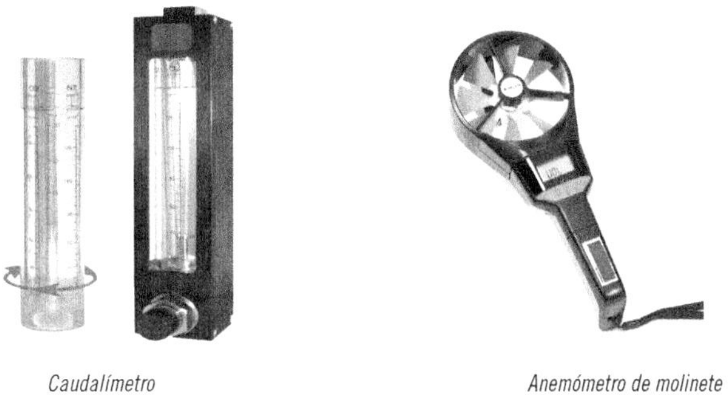

Caudalímetro *Anemómetro de molinete*

Tubos dc Pitot y Venturi

Los tubos de Pitot se conectan a un Venturi para medir el caudal. El proceso se debe a la variación de presión que se produce en el interior del conducto por el que discurre un fluido al cambiar la sección en el interior del mismo.

En la figura siguiente se muestra la variación de presión en el interior del conducto.

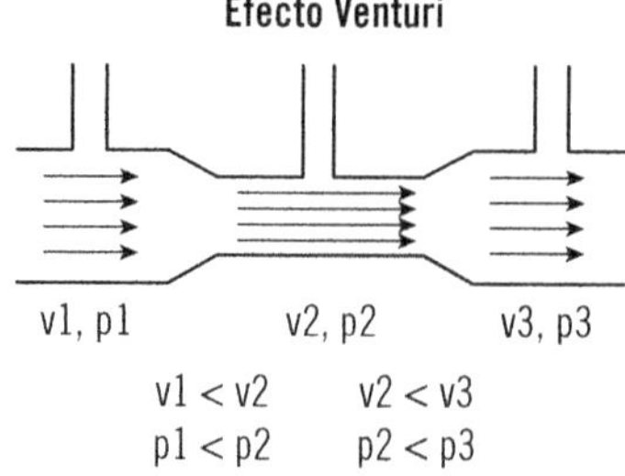

Humedad

Un exceso de humedad en el ambiente puede producir una sensación muy desagradable en el cuerpo humano. Además puede ocasionar fallos en los diferentes sistemas de climatización y ventilación-extracción. Por ello debe controlarse utilizando diferentes dispositivos.

Sensores de materiales higroscópicos

Asientan su funcionamiento en materiales que cambian su volumen en presencia de humedad.

Sensor higroscópico

Sensores con materiales conductores

Se basan en los cambios de potencial eléctrico. Tienen dos polos entre los que se crea la diferencia de dicho potencial. Este contraste varía con la humedad que contenga el ambiente o el material sobre el que se realiza la medición.

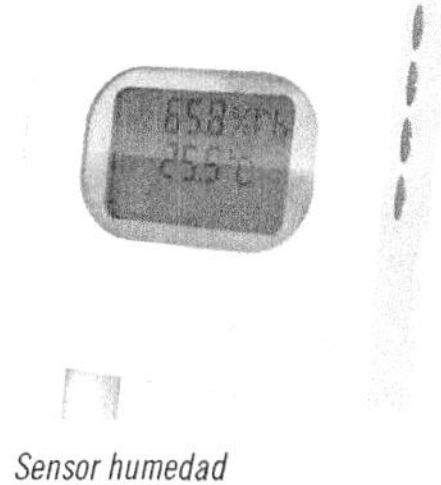

Sensor humedad

Calidad de aire

La calidad del aire interior es muy importante. Hay que procurar que no tenga sustancias nocivas para el organismo. Los principales sensores suelen estar en un mismo dispositivo con diferentes funciones. Los más usuales son los sensores de **CO_2** y **CO,** que son productos que se expulsan al respirar, y los sensores de iones en el aire.

Medidor CO_2

Para analizarlo hay que tener en cuenta que todo lo que compone el aire son gases y que existen diferentes tipos que se pueden medir dentro de una instalación para mejorar y controlar su calidad. Normalmente se utilizan detectores a modo de seguridad que pueden cortar el suministro, sobre todo en instalaciones de ventilación.

En los circuitos de climatización, dependiendo del tipo de gas que se utilice, se implantarán diferentes detectores. Se encuentran normalmente conectados con una centralita donde se toman los datos y desde la que se puede actuar en caso de fallo. Se suelen colocar en salas de calderas y lugares donde es normal que se generen altas concentraciones de gases que pueden afectar a las personas.

Sabía que...

En centros comerciales se utilizan sondas de CO_2 para medir el volumen de gente en el interior y modificar la potencia del equipo en función de las personas que se encuentren dentro, consiguiendo un gran ahorro de energía.

Detectores de humos y CO_2

Este tipo de detectores se utilizan como medida de seguridad. Se suelen emplear en instalaciones de ventilación de garajes donde se puede acumular mucho humo procedente de los coches. Activan el sistema de ventilación.

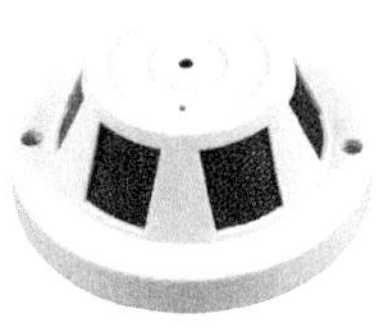

Detector de humos

Detector de CO_2

Detectores de fuga de gases combustibles (propano, butano, etc)

Para las instalaciones donde el combustible es inflamable, se utiliza este tipo de detectores que cortan el suministro y paran los equipos si existe una fuga. Son muy sensibles y se utilizan para evitar que cualquier pérdida pueda provocar un incendio o una explosión.

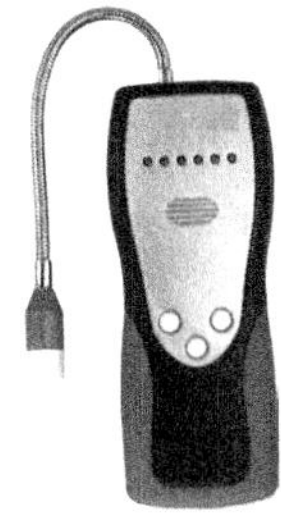

Detector de fuga de gases combustibles

Detectores de gases refrigerantes

Suelen ser utilizados para detectar el lugar donde se encuentra la fuga de refrigerante en una instalación, por eso su uso es puntual. Hay que acercarlos a todas las conexiones y soldaduras que haya en la conducción, ya que son los puntos donde puede haber una pérdida.

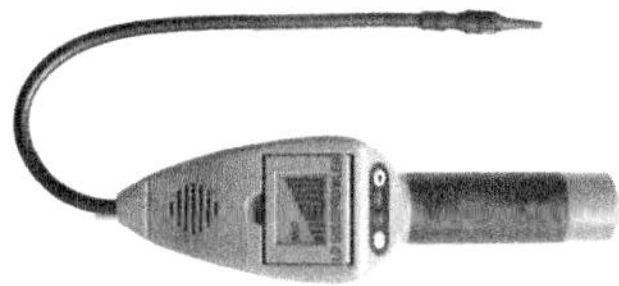

Detector fugas de refrigerante

Ruido

El ruido es molesto en cualquier dispositivo. Debe medirse, comprobando qué elemento es el que lo causa, para conseguir una instalación más confortable. Para medir el ruido se pueden utilizar el sonómetro que mide los decibelios o los sensores de vibración.

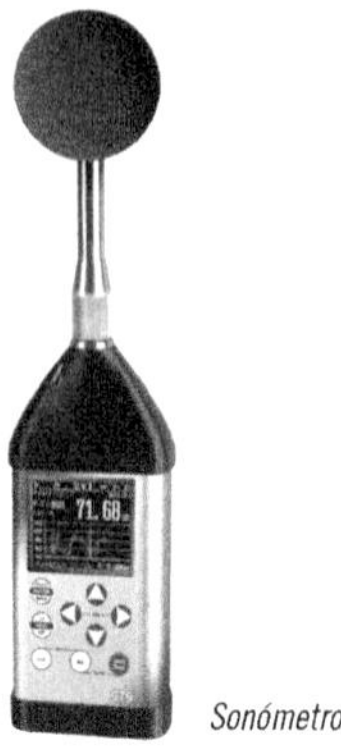

Sonómetro

El caudal, la humedad, la calidad del aire y el ruido son controlados sobre todo en el diseño de la instalación, pudiendo ajustarse en cualquier momento con pequeños cambios, si hay variaciones en esta.

Los sensores de gases y vapores suelen estar conectados a una zona de control y avisan de posibles peligros.

Importante

Se utilizarán unos u otros tipos de sensores, en función de la instalación. Los equipos de climatización suelen tener incorporados sensores de temperatura y de presión, a modo de seguridad del equipo para evitar la rotura de componentes.

2.2. Dispositivos de mando

Estos dispositivos son los que van a permitir modificar los parámetros de trabajo en función de las lecturas de los sensores. También suelen ser los encargados de que los equipos funcionen de forma segura, según las medidas fijadas anteriormente o mediante programación, siendo utilizados para el control del correcto funcionamiento. Los elementos de mando pueden ser manuales o automáticos.

Termostatos

Son los dispositivos de mando que actúan en función de una temperatura fijada. Existen diferentes tipos de termostatos, cada uno con unas características propias. Pueden distinguirse dos tipos generales: **inespecíficos,** si toman la temperatura de forma general, o **específicos,** que son aquellos que la toman en un lugar concreto.

Termostatos inespecíficos

Son llamados también de ambiente porque son los que controlan que las estancias habitadas estén a la temperatura correcta. La colocación de estos termostatos debe ser a unos 150 cm de altura y alejados de fuentes de frío o calor, como pueden ser la puerta de entrada o las proximidades de una rejilla de impulsión. Suelen actuar como marcha-paro de la instalación según la temperatura de consigna.

Termostatos específicos

A diferencia de los anteriores, tienen un dispositivo de captación de la temperatura alejado del mismo y miden la de un lugar concreto. Existen dos tipos de termostatos según el dispositivo que utilicen para captar la temperatura:

- **Termostatos de bulbo.** Son utilizados en cámaras frigoríficas, tuberías de agua o inmersos en un fluido. El bulbo se coloca en contacto con una superficie metálica o en el interior del circuito.
- **Termostatos electrónicos a distancia.** Miden la temperatura por medio de una sonda de contacto. La sonda envía impulsos al actuador y se pueden colocar a mayor distancia que los de bulbo. Con estos termostatos se puede centralizar toda la instalación en un cuarto de control.

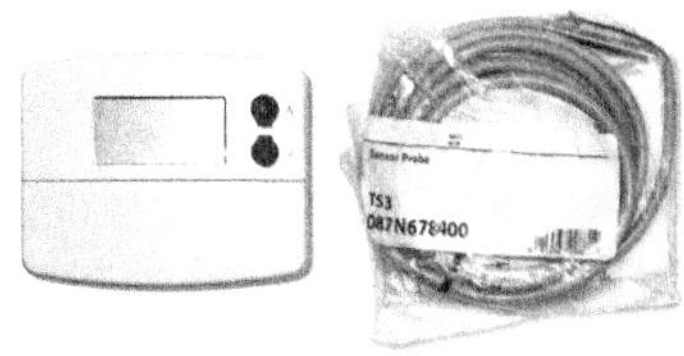

Termostato con sonda

Aplicación práctica

En un centro médico se ha modificado el sistema de climatización pasando de un sistema centralizado con un termostato general a uno con difusores motorizados en el interior de las consultas. Cada difusor es activado por un termostato conectado con una regulación central. Estos se han colocado en el pasillo de distribución de las consultas, junto al interruptor de la luz. ¿Realizarán correctamente su función? Razone la respuesta.

SOLUCIÓN

No. La sonda de temperatura no está correctamente ubicada al no encontrarse el termostato en el interior de la consulta y por tanto no realizará bien la lectura, con lo cual no mandará a la central los datos como debiera hacerlo. No existe control automático de la temperatura en las consultas, como se pretendía al instalar este sistema.

Presostatos

Son los encargados de controlar la presión en las tuberías o en los conductos. Suelen tener una función de seguridad en la instalación, evitando que suba en exceso la presión en el interior de los circuitos frigoríficos, o cortando el suministro por falta de presión, evitando los fallos en el sistema. Pueden utilizarse dos tipos distintos de presostatos.

Presostato mecánico

Si la distancia es corta se utilizan **presostatos mecánicos** que tienen como elemento sensor un muelle tubular o una membrana que se conecta al circuito a medir mediante un tubo. Estos presostatos normalmente están en cámaras frigoríficas y se suelen situar en el interior de los equipos. Para distancias más largas se usan **presostatos con sondas de presión** que miden la presión que existe en un punto del circuito. Son más compactos y robustos que los anteriores y ofrecen medidas más fiables.

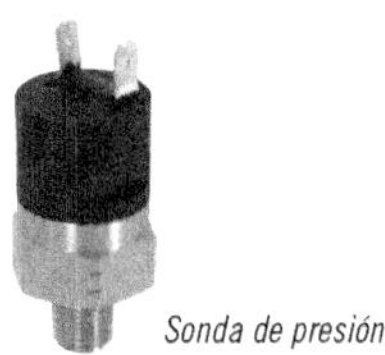

Sonda de presión

Higrostatos

Los higrostatos permiten fijar la humedad relativa en el ambiente. El exceso o la falta de esta provocan sensaciones de malestar térmico. Se suelen usar en piscinas cubiertas y en zonas donde se puedan producir alteraciones de la humedad. Al igual que ocurre con la temperatura y la presión, existen higrostatos que miden la humedad de la zona donde se encuentra ubicado, y otros con sonda, que pueden medir y actuar a distancia del lugar donde se realiza la medida.

Higrostato ambiente

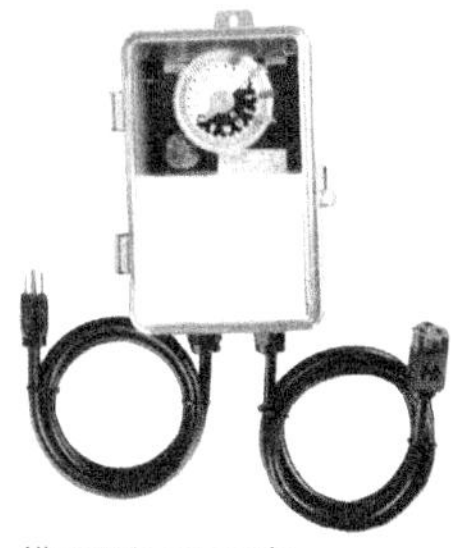

Higrostato con sonda

2.3. Actuadores

Los actuadores son los elementos finales de la instalación. Son los encargados de llevar a cabo las órdenes para modificar las condiciones de la misma.

Servomotores

Son motores eléctricos empleados para accionar los elementos mecánicos de la instalación. Actúan por medio de impulsos eléctricos que generan los dispositivos de mando, siguiendo las órdenes dadas por el control correspondiente, pudiendo adoptar y mantenerse en cualquier valor dentro de su rango de operación. Debido a su cambio de posición pueden usarse de muy diversas maneras: abriendo o cerrando válvulas en circuitos, activando compuertas de aire, etc.

Servomotores

Válvulas de dos vías o solenoides

Por medio de un motor abren o cierran el circuito, como una llave de paso, en función de un impulso eléctrico fijado por algún parámetro controlado de la instalación.

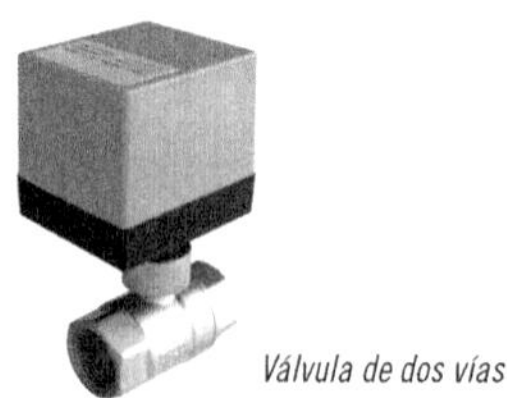

Válvula de dos vías

Válvulas de tres vías y válvulas de mezcla

Son válvulas de distribución que se utilizan para derivar el fluido en una dirección o en otra, normalmente de retorno. Con esto se logra bloquear determinados circuitos consiguiendo la canalización hacia el punto que interese, en orden a una prioridad de temperaturas, presiones, utilización, etc.

Las válvulas de tres vías tienen 2 tipos de regulaciones.

Todo/nada

Cuando está abierta, deja pasar todo el caudal a través de ella en el sentido deseado, y cuando se cierra lo desvía por un by-pass. Aunque también puede suceder que cuando se cierre dirija el flujo a un circuito paralelo.

Válvulas de tres vías proporcionales

La apertura de la válvula en el sentido deseado se realiza de forma proporcional a los parámetros fijados, provocando una mezcla en su interior o una derivación del caudal al circuito paralelo. Pueden actuar según la temperatura, el caudal o la presión del circuito.

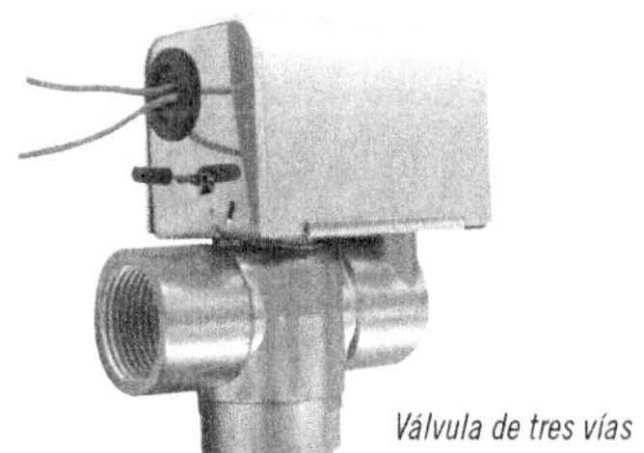

Válvula de tres vías

Nota

Las válvulas de mezcla son de tres vías que no diferencian circuitos, sino que unen el flujo de dos conductos en uno. El control de la mezcla es proporcional a la apertura de cada circuito. La regulación puede ser manual o automática. En este último caso se denominan válvulas motorizadas.

Compuertas de aire motorizadas

Con este tipo se puede regular el caudal que pasa por un conducto. Tienen una compuerta que es movida por un servomotor. La apertura puede ser proporcional al caudal que se quiera pasar por el conducto, o de tipo todo-nada, muy utilizada para aislar zonas que no es necesario climatizar o ventilar. Tienen la posibilidad de instalarse en el interior de un conducto o como elemento terminal, como rejillas motorizadas.

Compuerta de regulación del caudal en el interior de un conducto

Rejilla motorizada

Compuertas de sobrepresión

Estas compuertas se abren cuando existe un exceso de presión en el interior del conducto, liberando el exceso fuera del mismo. Se utilizan sobre todo como elemento de seguridad para evitar roturas. Pueden tener una regulación automática o manual.

Compuerta sobrepresión

Contactores y relés

Son contactos que funcionan por medio de una señal eléctrica de baja intensidad. Poseen una bobina que se activa o desactiva en función de los contactos eléctricos que tengan, ya sean abiertos o cerrados. La bobina al excitarse cierra un circuito de potencia. Se utilizan para accionar un motor eléctrico, resistencias, etc., automáticamente y a distancia, sin correr el riesgo de accionarse manualmente.

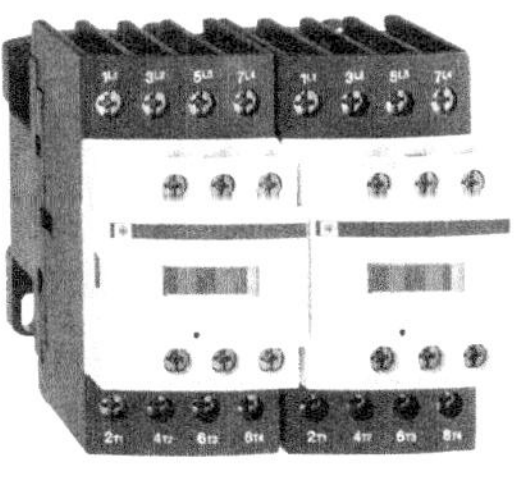

Contactor

Relé térmico

Variadores de velocidad

Provocan que un motor eléctrico no gire a velocidad constante durante su funcionamiento. Su forma de actuar es variando la frecuencia de la corriente eléctrica que alimenta al motor. Se suelen utilizar en instalaciones en las que interesa que el motor no funcione a máxima potencia en todo momento. Esto puede servir como método de ahorro. También las instalaciones de climatización se pueden ver influenciadas por la demanda y las condiciones exteriores. El variador también sirve para regular el caudal de aire de los ventiladores, o para ajustar el caudal de refrigerante en los compresores.

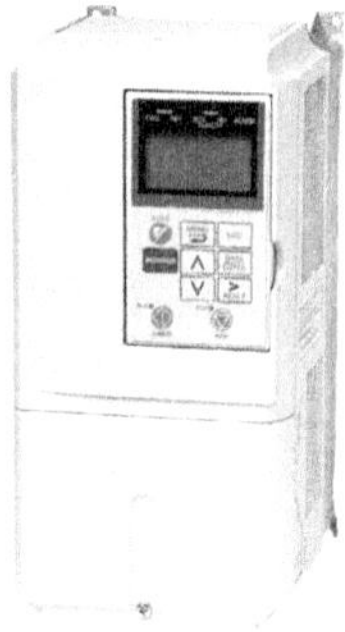

Variador de velocidad

2.4. Control mediante programación

El rápido desarrollo de los microprocesadores y autómatas industriales ha provocado su inclusión imprescindible en los sistemas de climatización actuales, sean pequeños o grandes. Gracias a ellos, la regulación de las instalaciones se realiza, cada vez más, por medio de placas o unidades electrónicas de control. Estas son capaces de leer las sondas y de actuar sobre diferentes dispositivos de mando al mismo tiempo, teniendo todo controlado, y realizando varias operaciones a la vez.

Esquema de un sistema de control

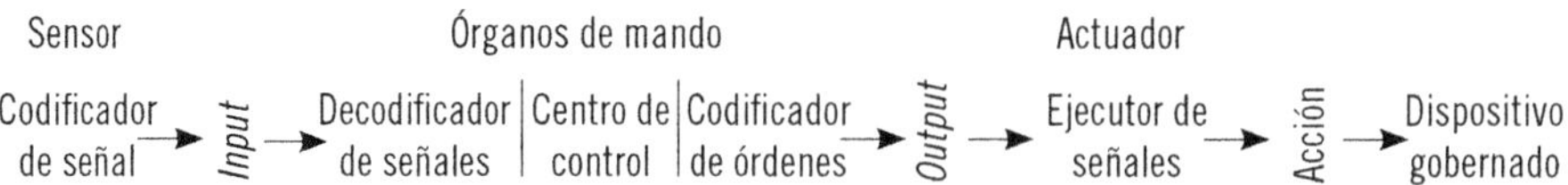

Nota

En las grandes instalaciones, el sistema de control no debe poder desactivarse.

Las grandes instalaciones utilizan un sistema de control centralizado y están dotadas de un ordenador conectado exclusivamente al sistema que ejecuta esta actividad. Su utilización tiene grandes ventajas, entre ellas:

- La instalación puede ser vigilada por una sola persona en un cuarto de control, ya que permite almacenar todas las medidas registradas e incluso puede sacar un histórico de mediciones en el que se verán los picos de funcionamiento.
- Se puede programar para que funcione en determinadas horas.
- Se produce un ahorro de energía al tener las variables controladas en todo momento.
- Se pueden introducir aplicaciones que avisen de las fechas en las que hay que realizar las revisiones periódicas correspondientes a las operaciones de mantenimiento.
- Se reduce el cableado eléctrico de los equipos, con lo cual se reduce una de las causas de averías.

Importante

Cuando la instalación disponga de un sistema de control basado en la tecnología de la información, su mantenimiento y la actualización de las versiones de los programas, deberá ser realizado por personal cualificado o por el mismo suministrador de los programas.

Otros sistemas de menores dimensiones incorporan pequeños autómatas como unidades de control. Estos se sitúan en cada local, donde realizan la toma de datos de temperatura, humedad, etc, en función de los cuales varían la velocidad del ventilador o conectan/apagan el equipo terminal.

Aplicación práctica

¿Sería conveniente el uso de un sistema de control centralizado para regular el sistema de climatización de unos grandes almacenes?

SOLUCIÓN

Sí, ya que se trata de locales de grandes dimensiones en los que existen muchos ambientes a controlar (diferentes zonas, ocupación variable, múltiples entradas y salidas, garajes, almacenes, restaurantes, etc.), y en todos ellos deben darse las condiciones que proporcionen una sensación de confort, ya que también de ello depende la afluencia de compradores, con lo que se trata de la forma más apropiada de conseguir controlar todas las variables que intervienen en el proceso de climatización.

3. Regulación, modificación, ajuste y comprobación de parámetros de las instalaciones de climatización y ventilación-extracción

En cualquier instalación de climatización o de ventilación-extracción, existen unos parámetros sobre los que se basa el control. Estos son los que hay que regular, ajustar, modificar y comprobar para su correcto funcionamiento y para que la instalación proporcione unas condiciones aceptables de habitabilidad. Los parámetros más comunes a regular en estas instalaciones son los siguientes:

- La temperatura y humedad del local.
- La velocidad y caudal del aire de ventilación.
- La orientación del aire.
- Marcha y paro de la instalación y selección de frío y calor.
- Programación horaria de arranque y paro.

Estos parámetros se definirán en función de los valores que se tomen de la instalación, haciendo que actúe de diferente manera según las condiciones fijadas. Para controlarlos deberán tenerse en cuenta los siguientes valores:

- **Valor medido:** es el valor real del parámetro que se está controlando. Se puede medir en la instalación en cualquier momento dado.
- **Punto de consigna:** es el valor que se desea que mantenga constantemente del parámetro controlado. Se fija por medio del órgano de mando.
- **Valor en tiempo real:** es el que se obtiene cuando el parámetro puede controlarse de forma continua, y no de forma puntual como en el valor medido.

Los parámetros fijados para el control de una instalación y sus valores de referencia pueden ser diferentes y no coincidir con los de otras instalaciones. Así, por ejemplo, existen establecimientos donde el valor de la temperatura se controla en tiempo real, y en otros como valor medido.

Es muy importante la distribución de los sensores para el control de los parámetros, ya que dependiendo de donde se coloquen tomarán mediciones correctas o erróneas.

Importante

Para controlar temperaturas, la sonda no se debe colocar en zonas con corrientes de aire, fuentes de radiaciones, o lugares donde se altere la temperatura.

Los dispositivos de mando y control deben de situarse en lugares accesibles, pero de forma que solo puedan acceder a ellos personas autorizadas. Es muy común en las instalaciones de ventilación-extracción adecuar el arranque y el paro a un horario prefijado. Para ello incorporan un reloj programador más o menos complejo, cuya programación debe poder anularse y restaurar de forma manual o automática.

En instalaciones de ventilación-extracción de **grandes espacios** como centros comerciales, hoteles, bares, etc., debe controlarse la temperatura, puesto que es fundamental en una instalación de este tipo, enfocada al público, no causar malestar entre sus usuarios. Para el control de esta es muy importante dónde se coloca el termostato, o la sonda de temperatura que servirá para controlar que se encuentre en los valores de consigna. Un termostato puede verse influenciado por corrientes de aire, insolación, altura con respecto al suelo, etc. Por ello en grandes superficies el lugar ideal para colocar la sonda de temperatura ambiente es el conducto de retorno de la unidad interior, ya que si el aire de retorno llega a temperatura de consigna es porque todo el local está a la temperatura deseada. En el interior del local la temperatura y humedad relativa no deben sobrepasar los límites que fija el RITE.

Aplicación práctica

En la sala de lectura de una biblioteca, se ha dispuesto un sensor de temperatura en el trayecto que va desde una ventana que puede ser abierta por los lectores y una puerta que siempre está abierta. Además, se pretende controlar la temperatura con valores tomados en tiempo real. ¿Será esto correcto? ¿Y efectivo?

SOLUCIÓN

Para empezar, la colocación del sensor de temperatura es incorrecta, ya que se encuentra en el sitio donde más corrientes de aire se producirán en la sala. Además, al poder los ocupantes abrir y cerrar las ventanas cuando quieran y haber una puerta continuamente abierta, hacen que el sistema no sea efectivo, aunque el equipo reciba continuamente datos de temperatura y adapte su producción a estos, ya que no son fiables.

Durante la puesta en marcha de la instalación se deberá ajustar la velocidad del aire mediante las unidades terminales o las bocas de salida de impulsión de forma que no supere el valor de 0,25 m/s a nivel de ocupación de las personas. Este ajuste no deberá ser variado. Cuando funcione en modo frío, el ventilador de la unidad interior se ajustará para que esté conectado siempre, aunque se pare el equipo frigorífico. Cuando funcione en modo calor, se parará o funcionará a la mínima velocidad para evitar corrientes, y se retardará su puesta en marcha hasta que el equipo pueda proporcionar aire caliente.

Unidad interior con conductos de retorno y sin ellos

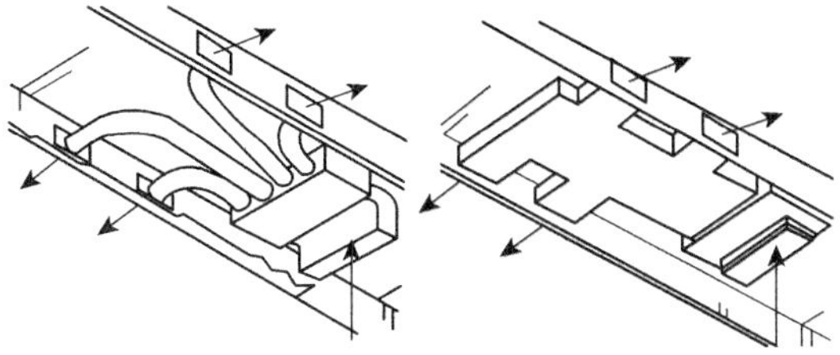

La **calidad del aire interior** es esencial en instalaciones de cara al público. Se colocarán sondas de concentración de CO_2 y sondas de iones para que en el momento en el que el aire se encuentre en malas condiciones active el sistema de ventilación, introduciendo aire del exterior y expulsando el viciado del interior.

4. Comprobación y pruebas de resistencia, aislamiento y seguridad del sistema eléctrico para la puesta en marcha de ambos tipos de instalaciones

Hay numerosos componentes que necesitan para su funcionamiento un suministro de energía eléctrica. Cuando la ejecución de la parte eléctrica de estas instalaciones se realiza correctamente, no solo se garantiza que los equipos respondan según se espera de ellos, sino que también supone la protección de las personas y de los bienes ante los posibles fallos que puedan producirse.

Antes de poner en servicio la instalación eléctrica que corresponde a los sistemas de climatización y ventilación-extracción debe someterse a verificación. Esta se realiza en dos fases:

- Por examen o inspección visual.
- Mediante medidas eléctricas.

4.1. Verificación por examen o inspección visual

En primer lugar, se realiza la verificación por examen. Se examinará la instalación en su conjunto, y se hará sin que esta esté sometida a tensión. Se comprobará:

- Que se ha usado el material eléctrico que se había indicado en el proyecto o memoria técnica de diseño.
- Que se ha montado correctamente, siguiendo las prescripciones que establecen los fabricantes y los reglamentos correspondientes (en este caso, el REBT).
- Que no presenta daños visibles que afecten a la seguridad.

Los aspectos concretos que se inspeccionarán son los siguientes:

- Existencia de medidas de protección contra contactos directos e indirectos, y que se pueden maniobrar correctamente.
- La existencia de dispositivos de protección y señalización, y las protecciones se pueden maniobrar correctamente.
- Correcto conexionado de la instalación de puesta a tierra.
- Conexionado de los conductores correctamente ejecutados.
- Que los colores de los conductores instalados corresponden con el tipo de conductor (protección: verde-amarillo, rojo: datos, fases: marrón, negro o gris, neutro: azul).
- Que los circuitos, fusibles, bornes, etc., están correctamente identificados.
- Que los esquemas, inscripciones indicativas, e informaciones similares, existen y están disponibles.
- Verificar que no hay nada que impida el funcionamiento, y que se puede acceder a todos los componentes para efectuar el mantenimiento.

Aplicación práctica

En la inspección visual de una instalación de ventilación se observa que los conductores que alimentan los ventiladores y los dispositivos que los protegen, no están correctamente identificados en el cuadro de mandos. ¿Puede ignorarse este hecho o hay que solucionarlo? ¿Por qué?

SOLUCIÓN

Hay que solucionarlo, ya que si están mal identificados, cuando haya que proceder a las revisiones de mantenimiento o a una reparación no se podrán localizar correctamente y puede pensarse que se ha desconectado este ventilador cuando en realidad no se ha hecho. Habría que solucionar el problema identificando correctamente la instalación correspondiente al ventilador, comprobar si se han cambiado las identificaciones con las de otro elemento, y tomar nota de las modificaciones efectuadas, para que quede constancia en la revisión.

4.2. Verificación mediante medidas eléctricas

Una vez realizada la inspección visual, se procederá a la verificación de propiedades eléctricas. Estas medidas van a permitir asegurar la confiabilidad de las instalaciones, así como comparar los valores obtenidos con los calculados. Las verificaciones a realizar son las siguientes:

- Continuidad de los conductores activos y de protección.
- Resistencia de aislamiento de los conductores.
- Resistencia de puesta a tierra.
- Prueba de rigidez dieléctrica.

Prueba de continuidad eléctrica

Se comprueba que no hay cortes en los conductores y que el que sale de un punto es el mismo que debe llegar a otro.

La prueba de continuidad eléctrica se realiza con un ohmímetro que aplica una intensidad continua de alrededor de 200 mA (0,2 A) y equipado con una fuente de tensión continua que pueda generar una tensión ente 4 y 24 V. Colocando las puntas de prueba del instrumento en ambos extremos del circuito a medir, la lectura obtenida debe ser igual a cero. Los circuitos probados deben estar libres de tensión.

Prueba de resistencia de aislamiento

Se realiza para comprobar que tras el cableado, los conductores mantienen intacto su aislamiento. Es muy importante porque en una red mal aislada, las corrientes de fuga pueden provocar electrocuciones o descargas desagradables.

Mediante la prueba de resistencia de aislamiento de los conductores se comprueba que respecto a tierra o a otro conductor está dentro de los valores que establecen las normas, siendo este valor de 1.000 veces la tensión de servicio por cada tramo de 100 m o fracción. Las instalaciones deben presentar una resistencia de aislamiento al menos igual a los indicados en la siguiente tabla:

Valores mínimos de la resistencia de aislamiento en una instalación

Tensión nominal de la instalación	Tensión de ensayo en corriente continua (V)	Resistencia de aislamiento (MΩ)
Muy Baja Tensión de Seguridad (MBTS) Muy Baja Tensión de Protección (MBTP)	250	≥0.25
Inferior o igual a 500 V, excepto caso anterior	500	≥0.5
Superior a 500 V	1000	≥1.0

Se realizarán dos tipos distintos de medidas de aislamiento: la resistencia de los conductores respecto a la tierra y la resistencia de aislamiento entre los conductores polares.

Primeramente se mide la **resistencia de los conductores respecto a tierra.** La medida se realiza con un megóhmetro de corriente continua capaz de suministrar las tensiones de ensayo indicadas en la tabla anterior, con una corriente de 1 mA, para una carga igual a la mínima resistencia de aislamiento especificada en cada tensión. En la primera medida, los conductores estarán aislados de tierra y de la fuente de alimentación de energía a la que están unidos normalmente. La tensión de prueba es la tensión que genera el megóhmetro. Para realizar la medida respecto a tierra, se une esta al polo positivo. Al polo negativo se unirán todos los conductores, que se conectarán entre sí, incluyendo el neutro, en el origen de la instalación que se verifica.

Nota

Un meghómetro, también llamado megger, es un instrumento que permite medir altos valores de resistencias de aislamiento de instalaciones, circuitos, cables, etc., aplicando una tensión conocida.

Para efectuar las medidas se observará:

- Que todos los receptores están conectados y sus mandos en posición de paro, asegurándose que en la parte de la instalación que se verifica existe continuidad eléctrica.
- Que los dispositivos de interrupción intercalados en la parte del circuito que se verifica están en posición cerrada.
- Que los cortacircuitos fusibles están instalados en la posición normal de servicio, a fin de garantizar la continuidad eléctrica del aislamiento.

Si el valor de la resistencia de aislamiento que se obtiene es menor de la que debiera ser, aún puede admitirse como correcta la instalación siempre que:

- La resistencia de aislamiento en cada aparato receptor es por lo menos igual al valor que le corresponde normativamente, o en su defecto 0,5 MW.
- Si se desconectan todos los receptores, la resistencia de aislamiento de la instalación es superior a lo indicado anteriormente.

La segunda medida corresponde a la **resistencia de aislamiento entre los conductores polares.** Para efectuar esta medida, se desconectan todos los receptores, quedando los interruptores y cortocircuitos fusibles en la misma posición que para la medida de aislamiento respecto a tierra. Se realizarán medidas sucesivas a los conductores, tomados dos a dos, incluyendo el neutro.

Prueba de resistencia de puesta a tierra

Para comprobar si existen fallos en el sistema de puesta a tierra. Las medidas se realizarán con un **telurómetro.** Para efectuarlas se necesitan, además del aparato, dos picas de auxiliares de unos 30 cm, que se suministran junto al propio telurómetro. Las conexiones se realizan como muestra la siguiente figura.

Medida de la resistencia de puesta a tierra

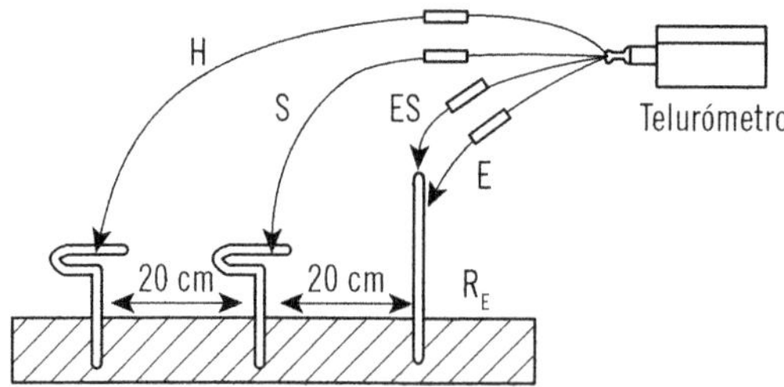

Importante

Por la importancia que tiene la puesta a tierra desde el punto de vista de la seguridad, esta deberá ser comprobada obligatoriamente por el director de la obra o instalador autorizado.

Donde $\mathbf{R_E}$ representa el electrodo de puesta a tierra. Los tres electrodos se colocan en línea recta. La sonda **S** estará colocada a igual distancia del electrodo de puesta a tierra y de la sonda **H,** siendo esta distancia de al menos 20 m. Los cables que conectan los electrodos no se deben cruzar para evitar errores en las medidas.

Con este aparato se inyecta una intensidad de corriente alterna conocida, a una frecuencia superior a **50 Hz,** y se mide la caída de tensión, de forma que el cociente entre la tensión medida y la corriente inyectada, da el valor de la resistencia de puesta a tierra. La intensidad se inyecta entre **E** y **H,** y la tensión se mide entre **S** y **ES.** La medida realizada se considera correcta si al desplazar la pica auxiliar **S** un par de metros a la izquierda y derecha de la línea, el valor de resistencia medida no varía.

Prueba de rigidez dieléctrica

La rigidez dieléctrica indica el valor máximo de intensidad que hace que un material pierda su capacidad aislante y pase a ser conductor. Para realizar esta prueba, deben desconectarse los receptores de la instalación, los dispositivos de interrupción se pondrán en posición de cerrado, y los cortocircuitos fusibles instalados en su posición normal de servicio. Se aplica una tensión de prueba de valor (2U + 1.000) V mediante un generador de corriente alterna a una frecuencia de 50 Hz, donde U es la tensión máxima de servicio (con un mínimo de 1.500 V). Se considera superada la prueba si resiste esta tensión durante 1 minuto.

Este ensayo se realizará a todos los conductores, neutro incluido con relación a tierra y entre ellos, salvo que ya se haya realizado por el fabricante.

Importante

Este ensayo no se realizará a las instalaciones que presenten riesgo de incendio o explosión.

5. Resumen

Los sistemas de control se emplean en las instalaciones de climatización y de ventilación-extracción para mantener las variables de funcionamiento dentro los valores prefijados, asegurando un funcionamiento continuo y adecuado a las necesidades de los usuarios. Los componentes que integran los sistemas de control son: sensores, dispositivos de mando y actuadores.

Los sistemas actuales, grandes o pequeños, se controlan mediante programación, empleando unidades electrónicas de control que son capaces de leer la información que les suministran las sondas y de actuar sobre diferentes dispositivos de mando, realizando varias operaciones simultáneamente.

Los parámetros sobre los que se basa el control de las instalaciones (temperatura, humedad, velocidad del aire, caudal de ventilación, etc.) deben ser regulados, ajustados, modificados y controlados para lograr que la instalación proporcione unas condiciones aceptables de habitabilidad. Ello se consigue usando los sensores apropiados y situándolos en los lugares correctos.

Antes de realizar la puesta en marcha de estas instalaciones, se comprobará que la parte eléctrica cumple con los requisitos necesarios que garanticen tanto el funcionamiento de los equipos como la seguridad para las personas y los bienes ante los posibles fallos que puedan producirse. Para esta comprobación se realizará una inspección visual y luego una verificación mediante el control de las medidas eléctricas.

Ejercicios de repaso y autoevaluación

1. Los sistemas de control son:

a. Los encargados de mantener las variables de una instalación.
b. Elementos sensibles a la variable controlada.
c. Receptores de información procedente de los sensores.
d. Dispositivos que reciben las órdenes del órgano de mando.

2. Los dispositivos encargados de ejecutar las órdenes que reciben del órgano de mando son:

a. Sensores.
b. Detectores.
c. Sondas.
d. Actuadores.

3. Indique si es verdadera o falsa la siguiente afirmación:

a. El tubo bourdon basa su funcionamiento en un tubo enrollado, cerrado por un extremo, que tiende a enderezarse cuando por el otro extremo del tubo se le aplica una presión.

☐ Verdadera
☐ Falsa

4. ¿Cuál de los siguientes es un tipo de sensor de caudal?

a. Bulbo con refrigerante interior.
b. Fuelles metálicos.
c. Molinetes.
d. Sensores higroscópicos.

5. **Complete el siguiente texto:**

Los sensores de calidad de aire más usuales son los ________________ ______________ y ______________, que son productos que se expulsan al respirar ya que son nocivas para el cuerpo, y los sensores de ______________ en el aire.

6. **Enumere 3 dispositivos de mando.**

____

____

____

7. **Los servomotores son:**

   a. Válvulas que abren o cierran el caudal de una tubería.
   b. Motores eléctricos empleados para accionar los elementos mecánicos de la instalación.
   c. Compuertas para el ajuste del caudal de aire.
   d. Contactos que se activan por medio de una señal eléctrica.

8. **Los dispositivos actuadores consistentes en contactos que se activan por medio de una señal eléctrica de baja intensidad son:**

   a. Válvulas de tres vías.
   b. Compuertas de regulación de caudal.
   c. Compuertas de sobrepresión.
   d. Contactores y relés.

9. **El punto de consigna es el valor...**

   a. ... real de la variable controlada.
   b. ... fijado por el órgano de mando.
   c. ... fijado por la variable controlada.
   d. ... de la variable leída de manera continua.

10. La primera verificación que hay que realizar al sistema eléctrico para la puesta en marcha de la instalación es:

a. Prueba de resistencia de puesta a tierra.
b. Prueba de continuidad eléctrica.
c. Inspección visual.
d. Prueba de rigidez dieléctrica.

Capítulo 6

Explotación y puesta en servicio de instalaciones de climatización y ventilación-extracción

Contenido

1. Introducción
2. Comprobación y regulación del confort ambiental
3. Control de sensores: sensaciones térmicas
4. Control de parámetros ambientales de la instalación
5. Regulación de ruidos
6. Ajuste de instalaciones de climatización por frio y calor
7. Eficiencia energética en las instalaciones: consumo de combustibles, energía eléctrica y agua
8. Instrucciones de puesta en marcha, funcionamiento, parada, comprobación de parámetros y ajuste en las instalaciones de climatización y ventilación-extracción
9. Cumplimentación de la documentación y formularios normalizados de la puesta en servicio de ambos tipos de instalaciones
10. Resumen

1. Introducción

En este capítulo se tratarán los aspectos que van a hacer que la instalación, durante su funcionamiento, genere un lugar agradable. Por ello, se explicarán los controles que hay que efectuar una vez que la instalación esté en actividad.

También se estudiarán las mediciones que hay que realizar, y cómo proceder administrativamente para la puesta en marcha de la instalación de climatización y ventilación-extracción.

2. Comprobación y regulación del confort ambiental

Una vez que la instalación está lista, se debe realizar una última prueba: comprobar que funciona correctamente y que se alcanzan las condiciones de confort exigidas, esta vez con los locales ocupados. Generalmente, hasta este momento, las pruebas para la puesta en marcha se han realizado con los locales vacíos, sin las personas que normalmente van a hacer uso de ellos, y la llegada del personal puede suponer que haya que realizar ajustes de última hora.

Como el confort ambiental va íntimamente relacionado con el grado de bienestar y satisfacción de las personas, habrá que revisar que los parámetros que influyen en él siguen resultando correctos.

La temperatura es el agente más importante y determinante en el confort ambiental. Por tanto, habrá que volver a comprobar los termostatos para que la instalación cumpla la normativa vigente, y que se encuentre dentro de los valores establecidos por ella para evitar un índice alto de personas insatisfechas. En la gran mayoría de instalaciones basta con controlar la temperatura ambiente, pero además se debería valorar también la temperatura de las paredes, ya que son elementos que constantemente están radiando o absorbiendo energía de las dependencias. Estos datos se fijarán en función del grado de vestimenta y en base a la actividad metabólica de las personas que se encuentren en la instalación a climatizar, ya que no serán las mismas condiciones para una piscina, que para un gimnasio, un taller o un edificio de oficinas.

Respecto a la humedad relativa, hay que recordar que el exceso provoca bochorno y sudoración. Por su parte, una falta de humedad reseca las mucosas corporales, provocando sequedad y malestar general.

La velocidad del aire es otro factor complicado de regular en cualquier instalación: el exceso de velocidad es desagradable y la falta de ella hace que el aire no se distribuya bien por el local. También una inadecuada colocación de los elementos terminales provoca una mala distribución del aire, aún teniendo velocidad suficiente, dando lugar a sensaciones de malestar.

Nota

La velocidad del aire es un factor que no se suele tener en cuenta en las instalaciones, pero hay que procurar conseguir que el aire se reparta por toda la habitación de forma equitativa y evitar que atraviese la zona ocupada por las personas a mucha velocidad.

Con respecto al ruido, este debe ser controlado para evitar que llegue a ser molesto en la instalación. Los niveles de ruido deben ser considerados en función de la utilización de las dependencias (no serán los mismos requerimientos para la habitación de un hotel que para la sala de despiece de una fábrica de embutidos). En oficinas, que es una de las instalaciones más frecuentes, el nivel de ruido a partir del cual se considera que produce disconfort está situado entre 55 y 65 dB.

Un exceso de ruido en las instalaciones puede provocar accidentes laborales por falta de concentración.

Para un control efectivo del ruido se suelen utilizar sonómetros con la instalación está a pleno rendimiento y si existiera cualquier problema en el local que no se haya detectado antes, se usarán silenciadores externos a los equipos de climatización y ventilación para atenuar el sonido.

Aplicación práctica

En las nuevas instalaciones de una empresa se había previsto destinar una sala como área de descanso para sus trabajadores, por lo que como sistema de climatización se había montado un equipo en el centro de la habitación para que los ocupantes regularan la temperatura según sus necesidades. Por causas logísticas es necesario cambiar el destino de la habitación y convertirla ahora en una sala de oficinas, en la que los trabajadores permanecerán sentados en puesto fijos durante las ocho horas de su jornada. ¿Puede este equipo ofrecer el confort ambiental a todos los ocupantes de la sala de forma satisfactoria?

SOLUCIÓN

Normalmente no, ya que en su elección no se han tenido en cuenta las circunstancias reales que soportarán estos empleados. Así, la ocupación es distinta a la prevista en los cálculos de la instalación, la temperatura también lo será ya que ahora hay nuevos equipos que actúan como fuentes de calor. También cambiarán las necesidades de humedad ambiental. Además, dadas las características del equipo, puede que algunos trabajadores estén continuamente expuestos a un chorro de corriente de aire y otros apenas noten los efectos de la climatización. Por último, en la previsión inicial de uso, los niveles de ruido tolerados son menos exigentes que para una oficina, por lo que también habría que actuar en este sentido.

3. Control de sensores: sensaciones térmicas

La sensación térmica puede definirse como:

La sensación térmica es el término usado para describir el grado de incomodidad que un ser humano siente, como resultado de la combinación de la temperatura y el viento en invierno y de la temperatura, la humedad y el viento en verano.

La sensación térmica se ve afectada además por factores atmosféricos y por factores personales. No todo el mundo tiene la misma impresión térmica en iguales circunstancias.

La velocidad del caudal de aire y la diferencia de temperatura entre la piel y el aire con el que está en contacto aceleran la pérdida de calor del cuerpo y definen la sensación de frío. La temperatura de la piel suele estar en torno a 32 ºC. A mayor diferencia con la temperatura ambiente, sobre todo en invierno, mayor será la pérdida de calor corporal. Esta diferencia se concentra en una capa de aire que rodea todo el cuerpo, de sólo dos milímetros de espesor, llamada capa límite. Una mayor velocidad del aire provoca que esta capa límite se separe más rápido del cuerpo dando lugar a sensación de frío.

Ejemplo

Si en una mañana de invierno la temperatura es de 0 ºC y existen condiciones de calma (sin viento), no se sentirá mucho frío al estar normalmente abrigado, pero a la misma temperatura y con viento de 40 km/h, la sensación térmica será equivalente a 15º bajo cero.

Si en invierno el viento puede aumentar la sensación de frío, en verano el factor más influyente en la sensación térmica es la humedad. En época estival, la velocidad del viento produce el mismo efecto mostrado anteriormente, siempre que la temperatura del mismo no supere la temperatura de la piel (32 ºC). En este caso el efecto que provoca es el contrario.

La humedad aumenta la sensación de bochorno, produce sudoración continua y reduce la transpiración del organismo. Si la humedad es elevada, el valor de la sensación térmica excede al de la temperatura del aire. La humedad excesiva dificulta que el organismo disipe el calor producido por el metabolismo interno. Si la humedad es baja en verano aumenta la sensación de bienestar producida por el enfriamiento de la piel debido a la evaporación de la transpiración.

La transpiración es esencial para la vida y el confort de las personas, y tanto el viento como la humedad afectan directamente a la transpiración, favoreciéndola o perjudicándola, con lo que, a una misma temperatura, con condiciones de humedad y velocidad de aire diferentes, el organismo tendrá sensaciones distintas.

Ejemplo

La sensación térmica de un día soleado con una temperatura de 33 °C, una humedad relativa de 60 % y una velocidad del viento de 22 km/h, será de 40 °C.

Los sensores de las instalaciones deben ser los encargados de medir la humedad, la velocidad del aire y la temperatura, para adecuar las instalaciones a cada zona de trabajo. En cada instalación debe tenerse en cuenta el área geográfica donde esté ubicada, ya que no es igual una zona costera que una zona de interior. Los sensores que envíen los datos al sistema de control deben ser capaces de transmitir las impresiones térmicas que perciben los ocupantes de los locales climatizados.

Aplicación práctica

Tras la puesta en marcha de una instalación en un edificio de oficinas de una zona costera, se comprueba que la instalación no funciona bien. Al ir allí, se observa que la temperatura es la correcta, pero se aprecia sensación de bochorno. ¿A qué puede ser debido? ¿Qué parámetro no se ha tenido en cuenta?

SOLUCIÓN

El causante de esta sensación es la humedad relativa. Se ha cometido el error de no comprobar la humedad del ambiente. Al tratarse de una zona costera, la humedad ambiente es mayor que en las zonas sin mar. Puede tener una temperatura óptima, pero al haber una excesiva humedad, el cuerpo no transpira correctamente y se produce la sensación de bochorno.

---

4. Control de parámetros ambientales de la instalación

Los parámetros ambientales deben controlarse en un espacio delimitado del local que recibe el nombre de zona ocupada. Es el lugar donde están las personas o donde se desarrolla el trabajo.

La zona ocupada se puede definir como el área en la que se tienen que alcanzar las condiciones de confort, y de la cual se excluyen las zonas próximas a ventanas y equipos. El siguiente gráfico define la zona ocupada donde deben realizarse las medidas de los parámetros de control ambiental.

Definición zona ocupada

Sección
200 cm
130 cm
10 cm
50 cm
100 cm
Zona ocupada
Planta
50 cm

Ejemplo

En un banco la zona ocupada será diferente dependiendo si se trata del despacho del director o de la zona de atención al público.

En esta zona de control deben mantenerse las condiciones de confort para el registro de la temperatura, la humedad y la velocidad del aire.

El Reglamento de Instalaciones Térmicas en los Edificios (RITE) establece que las instalaciones deben incluir sistemas de regulación y control para que sea posible mantener las condiciones de diseño previstas en los locales climatizados ajustando, además, los consumos de energía a las variaciones de la demanda térmica. Por tanto, todas las instalaciones térmicas deben disponer de los sistemas de control automático necesarios para que se puedan mantener estas condiciones.

El control de los parámetros ambientales se realiza regulando el funcionamiento de los elementos de la instalación encargados de modificar dichos parámetros. En las instalaciones, el control automático puede hacerse:

- Haciendo que el sistema funcione de forma permanente durante la actividad, colocando un interruptor propio o conectándolo a una máquina o sistema de iluminación del local.
- Haciendo que el sistema funcione intermitentemente activado por un temporizador programado según las necesidades.
- Haciendo que el sistema funcione según la ocupación del local.

Nota

En la puesta en marcha se comprueba que los sensores colocados están calibrados correctamente según el rango de medidas previsto y que las lecturas que ofrecen son las correctas. Para comprobar que los sensores de control y seguridad funcionan adecuadamente y realizan lecturas correctas, en la puesta en marcha se suele llevar los equipos a los límites superior e inferior de trabajo.

El control de los equipos puede hacerse por medio de paneles integrados de visualización y mando. Desde estos paneles integrados se controlan diferentes factores del sistema y se modifican parámetros. En las grandes instalaciones el panel de control suele ser un autómata programable dotado de pantalla digital y teclado, y diseñado específicamente para controlar el funcionamiento de los equipos y la instalación.

En las pequeñas instalaciones, sobre todo en instalaciones domésticas tipo split, se utilizan los mandos a distancia y por medio de rayos infrarrojos envían señales al receptor del equipo. Estos mandos a distancia, con gran frecuencia, suelen tener una sonda térmica que mide la temperatura de la habitación actuando sobre el equipo receptor.

Mando a distancia

A modo de resumen se muestra la tabla donde se reflejan las condiciones de confort en el trabajo en oficinas. En este tipo de instalaciones es muy importante controlar la velocidad del aire, ya que se distribuye directamente sobre las personas. La tabla muestra también la temperatura y humedad relativa para conseguir un ambiente térmico saludable.

Valores aconsejables de ambiente térmico en oficinas

	Verano	**Invierno**
Temperatura	19-21	20-24
Humedad relativa	40-60	40-60
Velocidad aire	0,15	0,25
Diferencia temperatura entre 1,1 y 0,1 m del suelo	< 3º	< 3º

5. Regulación de ruidos

Además de la temperatura y la ventilación, es fundamental controlar también el ruido.

El ruido no tiene una transmisión lineal, si no que se transmite por ondas esféricas en todas las direcciones del espacio. Aquí se representa en círculos o esferas concéntricas. A medida que se alejan del centro, las esferas son mayores y la potencia del ruido menor.

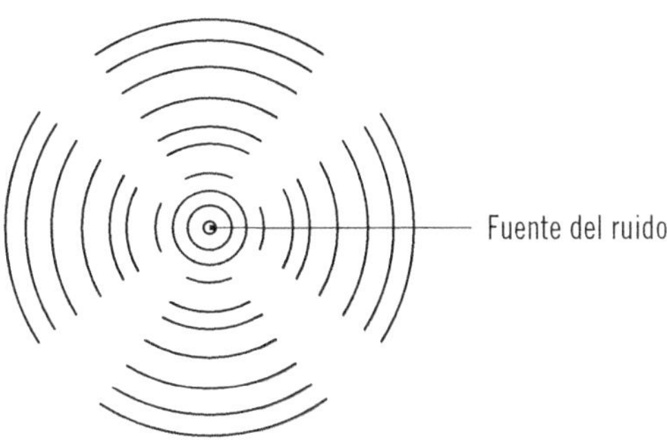

Nota

Los suministradores de los equipos y productos incluirán en la documentación técnica de los mismos los valores de las magnitudes que caracterizan los ruidos y las vibraciones de los mismos.

Son las autoridades locales las que limitan las emisiones de ruido hacia el exterior y las inmisiones de este en locales colindantes mediante las ordenanzas municipales. Para comprobar el nivel de aislamiento al ruido que tienen los locales se realiza en ellos una prueba normalizada, en base a una curva de ruido, que toma como referencia máxima 30 dB y se realiza con el máximo de sonido en el interior. Para superar la prueba, los niveles emitidos por la instalación deben estar por debajo de los valores de la curva de referencia.

Las mediciones de sonido en los locales se realizan con sonómetros que pueden estar fijos, con lo que se obtiene una lectura del ruido que se produce en el local, o bien medirse cuando se realicen las pruebas de puesta marcha de la instalación.

Puede ocurrir que, tras un tiempo de funcionamiento, el local cambie sus características de trabajo y esto puede hacer variar las exigencias con respecto al ruido. Un ejemplo sería una fábrica que necesita ampliar sus oficinas y para ello habilitan un taller ubicado dentro de la instalación: pueden aprovechar todo el espacio, pero deberán mitigar el sonido producido por la fábrica para adecuarlo a niveles apropiados a la nueva actividad.

Para la atenuación del ruido producido por los equipos de climatización y ventilación-extracción, hay que tener en cuenta el exceso sobre los niveles permitidos y de dónde procede el ruido para actuar en consecuencia.

6. Ajuste de instalaciones de climatización por frío y calor

En instalaciones de climatización, los parámetros de funcionamiento deben ser ajustados a los valores de las prestaciones que figuren en el proyecto o memoria técnica, teniendo en cuenta los márgenes de tolerancia admisibles. La empresa instaladora deberá presentar un informe final de las pruebas efectuadas que contenga las condiciones de funcionamiento de los equipos y aparatos.

Los resultados de los valores medidos han de anotarse en una ficha de mantenimiento que servirá para poder observar la evolución de los valores a lo largo de la vida útil del equipo o de la instalación. Estos datos deben compararse con los de referencia, facilitados por el fabricante, para proceder así a acciones de corrección preventiva en caso necesario.

El cumplimiento de las fichas técnicas de cada uno de los equipos, aparatos y sus accesorios garantiza que todos los circuitos de la instalación han sido ajustados y equilibrados y deja constancia escrita de ello, facilitando así la labor del equipo de mantenimiento.

Importante

Las operaciones para la corrección y optimización han de ser realizadas por el mantenedor autorizado o director de mantenimiento y será suya la responsabilidad. En todo momento se han de seguir las pautas marcadas por el fabricante del equipo en el manual de uso y mantenimiento.

El procedimiento de ajuste y equilibrado de los sistemas será realizado por la empresa instaladora que documentará dicho procedimiento, teniendo en cuenta lo siguiente:

- Deben conocerse el caudal nominal y la presión de cada circuito, así como el caudal nominal en ramales y unidades terminales.
- Se comprobará que el fluido anticongelante contenido en los circuitos expuestos a heladas cumple con los requisitos especificados en el proyecto o memoria técnica.
- Cada bomba, de la que se debe conocer la curva característica, deberá ser ajustada al caudal de diseño como paso previo al ajuste de los generadores de calor y frío a los caudales y temperaturas diseñadas.
- El punto de trabajo de cada ventilador deberá ser ajustado al caudal y la presión correspondiente de diseño.
- Las unidades terminales, o los dispositivos de equilibrado de los ramales, serán equilibradas al caudal de diseño.
- En circuitos hidráulicos equipados con válvulas de control de presión diferencial, se deberá ajustar el valor del punto de control del mecanismo al rango de variación de la caída de presión del circuito controlado.
- Cuando exista más de una unidad terminal de cualquier tipo, se deberá comprobar el correcto equilibrado hidráulico de los diferentes ramales, mediante el procedimiento previsto en el proyecto o memoria técnica.

- De cada intercambiador de calor se deben conocer la potencia, temperatura y caudales de diseño, debiéndose ajustar los caudales de diseño que lo atraviesan.
- Cuando exista riesgo de heladas se comprobará que el fluido de llenado del circuito primario del subsistema de energía solar cumple con los requisitos especificados en el proyecto o memoria técnica.
- En unidades terminales con flujo direccional se deben ajustar las lamas para minimizar las corrientes de aire y establecer una distribución adecuada del mismo.
- En locales donde la presión diferencial del aire respecto a los locales de su entorno o el exterior sea un condicionante del proyecto o memoria técnica, se deberá ajustar la presión diferencial de diseño mediante actuaciones sobre los elementos de regulación de los caudales de impulsión y extracción de aire, en función de la diferencia de presión a mantener en el local, manteniendo a la vez constante la presión en el conducto. El ventilador adaptará el punto de trabajo a las variaciones de la presión diferencial mediante un dispositivo adecuado.

Así pues, lo primero que deben comprobarse son las temperaturas de sobrecalentamiento y subenfriamiento del equipo debiendo estar dentro de los rangos del fluido caloportador utilizado.

Nota

Si es bomba de calor, los circuitos se invierten y dependiendo del funcionamiento pasarán a ser de alta o baja presión. Hay que ajustar las instalaciones a las condiciones que se asemejen lo máximo posible a como será su funcionamiento en la realidad.

Debe observarse también la presión en el interior del circuito, teniendo muy en cuenta la línea donde se está tomando la presión y el modo de funcionamiento del equipo.

Una vez comprobado el equipo de climatización, debe comprobarse que las condiciones interiores cumplen con el RITE y que se consigue tener la temperatura adecuada en el interior del recinto. La temperatura variará si el equipo está funcionando en frío o en calor.

Otro aspecto a tener en cuenta en las instalaciones de climatización son los parámetros interiores de la instalación, no solo debe ajustarse la temperatura, sino que también se deberán ajustar dentro de lo posible la humedad y la velocidad del aire de ventilación.

7. Eficiencia energética en las instalaciones: consumo de combustibles, energía eléctrica y agua

Hoy día, con la escasez de recursos energéticos, priman las instalaciones con mayor eficiencia energética. Suelen suponer una inversión un poco más cara pero se amortiza en poco tiempo. Cada vez se consiguen equipos más eficientes a un precio más competitivo, y se incentiva el cambio de equipos antiguos y poco eficaces por equipos nuevos con mayor eficiencia.

La eficiencia energética es una de las propiedades con las que se evalúa el rendimiento de los equipos de climatización y de ventilación-extracción. De hecho, el rendimiento se puede definir como la eficiencia del generador, es decir, como la relación entre la energía obtenida en su funcionamiento y la energía suministrada o consumida durante el proceso. El cociente de ambos valores da una idea del rendimiento. El consumo de energía depende de factores como la zona climática, la calidad constructiva del local, el nivel de aislamiento, el grado de equipamiento y el uso que se les da a los equipos.

El Reglamento de Instalaciones Térmicas en los Edificios (RITE) establece que se deben realizar inspecciones periódicas de eficiencia energética en las instalaciones a lo largo de su vida útil para verificar que se cumplen las exigencias establecidas. La instrucción técnica IT 2.4 establece los parámetros a inspeccionar, en función del elemento de la instalación, y las características obligatorias de la inspección de eficiencia energética. Las comprobaciones recomendadas son:

- *Comprobación del funcionamiento de la instalación en las condiciones de régimen.*
- *Comprobación de la eficiencia energética de los equipos de generación de calor y frío en las condiciones de trabajo. El rendimiento del generador de calor no debe ser inferior en más de 5 unidades del límite inferior del rango marcado para la categoría indicada en el etiquetado energético del equipo de acuerdo con la normativa vigente.*
- *Comprobación de los intercambiadores de calor, climatizadores y demás equipos en los que se efectúe una transferencia de energía térmica.*
- *Comprobación de la eficiencia y la aportación energética de la producción de los sistemas de generación de energía de origen renovable.*
- *Comprobación del funcionamiento de los elementos de regulación y control.*
- *Comprobación de las temperaturas y los saltos térmicos de todos los circuitos de generación, distribución y las unidades terminales en las condiciones de régimen.*
- *Comprobación que los consumos energéticos se hallan dentro de los márgenes previstos en el proyecto o memoria técnica.*
- *Comprobación del funcionamiento y del consumo de los motores eléctricos en las condiciones reales de trabajo.*
- *Comprobación de las pérdidas térmicas de distribución de la instalación hidráulica.*
- *Comprobación del nivel de ruido generado por los equipos y en la distribución del aire, un exceso de ruido puede ser generado por un exceso de consumo.*

La empresa instaladora será la encargada de realizar las comprobaciones comentadas y las documentará con el objetivo de clasificar la instalación energéticamente.

Los equipos empleados en estas instalaciones, al igual que otros electrodomésticos, poseen una etiqueta llamada etiqueta energética que informa acerca de la eficiencia del equipo. Estas etiquetas son muy útiles a la hora de adquirir un aparato de aire acondicionado y elegir entre varios tipos o modelos.

La clase energética viene identificada por un código de colores y letras, desde la letra A de color verde botella, que es la categoría más eficiente, hasta la letra G de color rojo, que corresponde a la clase de menor eficiencia energética. Existen siete clases de eficiencia energética en total.

Ejemplo de etiqueta energética del aire acondicionado

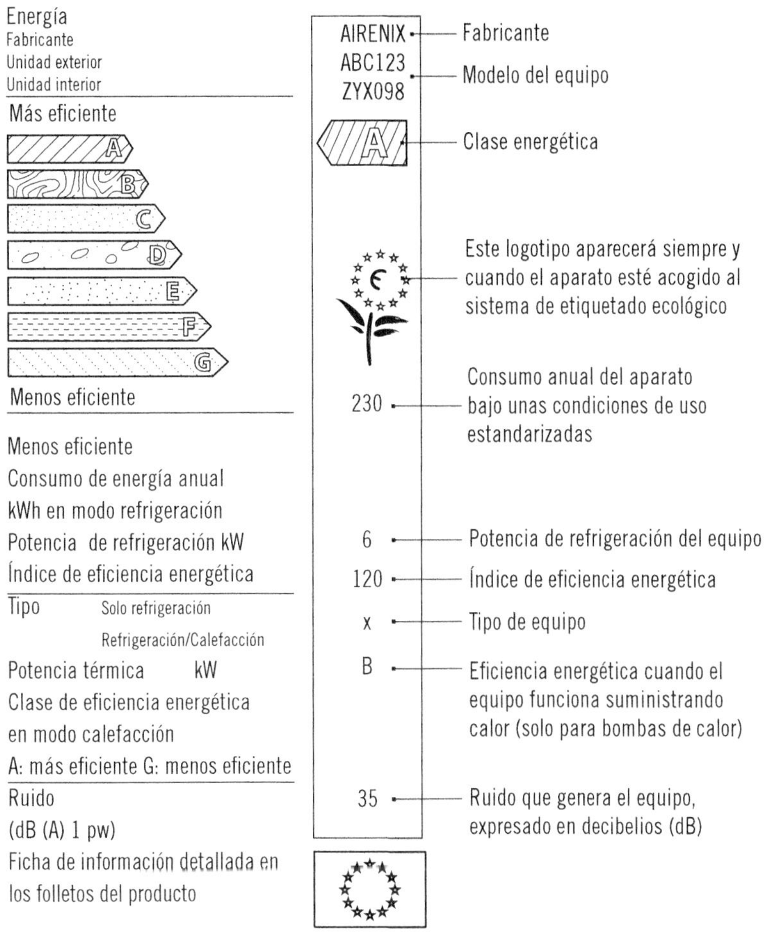

Energía
Fabricante
Unidad exterior
Unidad interior
Más eficiente
A
B
C
D
E
F
G
Menos eficiente

Menos eficiente
Consumo de energía anual
kWh en modo refrigeración
Potencia de refrigeración kW
Índice de eficiencia energética
Tipo Solo refrigeración
Refrigeración/Calefacción
Potencia térmica kW
Clase de eficiencia energética
en modo calefacción
A: más eficiente G: menos eficiente
Ruido
(dB (A) 1 pw)
Ficha de información detallada en los folletos del producto

AIRENIX — Fabricante
ABC123
ZYX098 — Modelo del equipo
A — Clase energética
Este logotipo aparecerá siempre y cuando el aparato esté acogido al sistema de etiquetado ecológico
230 — Consumo anual del aparato bajo unas condiciones de uso estandarizadas
6 — Potencia de refrigeración del equipo
120 — Índice de eficiencia energética
x — Tipo de equipo
B — Eficiencia energética cuando el equipo funciona suministrando calor (solo para bombas de calor)
35 — Ruido que genera el equipo, expresado en decibelios (dB)

7.1. Medición y contabilización de consumos

Para llevar a cabo la contabilización de consumos y la determinación de los ratios para el seguimiento de la eficiencia energética de las instalaciones, es necesario disponer de distintos aparatos de medida de volumen y energía, en función de la energía suministrada. Así podrán ser necesarios contadores de agua, combustibles y equipos eléctricos, entre otros.

Consumo de agua

Para medir el consumo de agua se emplean contadores de agua. Son instrumentos pensados para medir e indicar el volumen de agua que pasa por ellos de manera continua. Están provistos de un dispositivo de medición que acciona un dispositivo registrador. Se basan en la acción directa del flujo sobre un órgano móvil (contadores mecánicos) y también en otras tecnologías como las electromagnéticas o ultrasónicas. A su vez la indicación puede ser mecánica con rodillos de cifras o mediante pantalla electrónica, normalmente LCD. El volumen medido deberá indicarse en metros cúbicos (m^3).

Electromagnéticos

Estos dispositivos se basan en medir la corriente inducida que provoca el paso de una corriente de agua por un campo magnético generado por dos bobinas. Son los equipos de medida más precisos y estables.

Caudalímetro electromagnético

Ultrasónicos

Estos dispositivos actúan por medio de un emisor de ultrasonidos y un receptor. La velocidad que tarda el sonido en atravesar el agua varía en función del caudal que pasa por la tubería. Este tiempo está calibrado y así puede saberse el caudal de agua que pasa en cada momento por la tubería.

La selección y montaje de los contadores de agua se realizará teniendo en cuenta las indicaciones dadas por el fabricante del equipo, debiendo elegir contadores adecuados a las circunstancias particulares de funcionamiento del tramo de la instalación cuyo flujo de agua se quiere medir. Los contadores deberán poder instalarse para funcionar en cualquier posición, a menos que se haga constar claramente lo contrario.

Caudalímetro ultrasónico

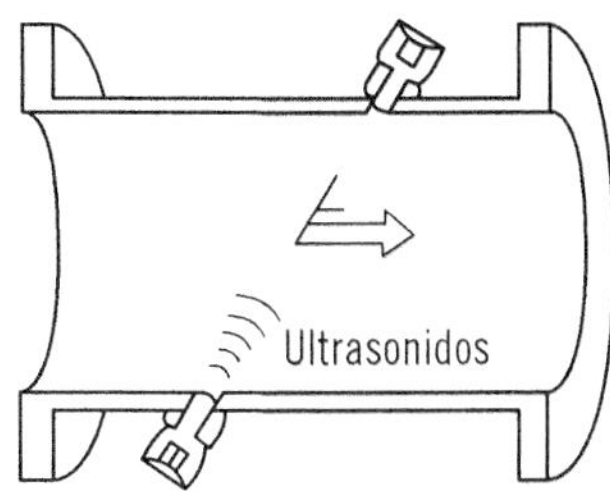

El fabricante deberá especificar las condiciones nominales del instrumento y, como mínimo, las siguientes:

- Posición de instalación.
- Intervalo de temperaturas de funcionamiento.
- Caudal mínimo.
- Caudal nominal.
- Caudal máximo.
- Presión máxima de trabajo.
- Curva de errores de medida.

A la entrada del contador se instalará una válvula de corte. Con el fin de evitar que los contadores de agua sean manipulados indebidamente, al menos, uno de los rácores de conexión hidráulica del contador a la red será precintado.

Instalación de un contador de agua

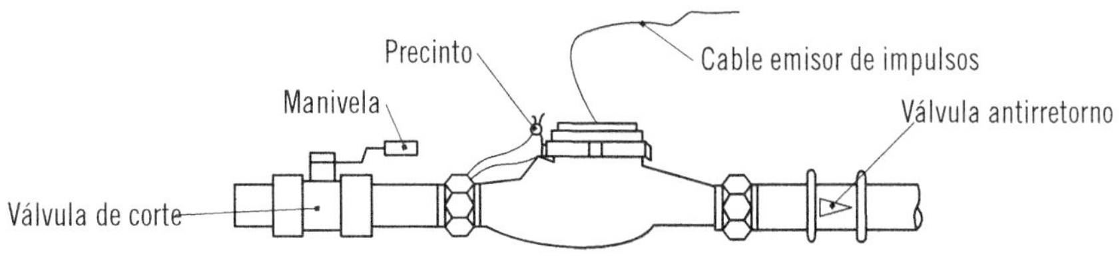

Los contadores de agua serán objeto de control metrológico de aprobación de modelo y verificación primitiva y cumplirán todos los requisitos de homologación, precintado y verificación exigidos por la normativa vigente.

Consumo de combustibles

Se medirán los consumos correspondientes a los combustibles fluidos (gas y gasóleo).

Consumo de gas

La medición del gas natural parece una operación sencilla, pero en realidad se trata de un proceso complejo que requiere equipos técnicos muy elaborados. La cantidad medida deberá indicarse en metros cúbicos (m^3) o en kilogramos (kg).

Nota

La forma más fácil y práctica de determinar el consumo ha sido la de medir la cantidad de gas que ha circulado en un determinado periodo de tiempo, expresada en unidades de volumen (metros cúbicos).

Por evolución histórica y por economía, los contadores de gas son equipos de funcionamiento mecánico, provistos de un indicador numérico indicando las unidades de volumen medidas. En función de sus características, los contadores de gas pueden ser:

- **Contadores de membrana.** La propia presión del gas produce el llenado y vaciado alternativo de dos cámaras de paredes deformables de volumen conocido. Son los contadores más habituales para consumo doméstico.

- **Contadores de pistones rotativos.** La presión del gas provoca el giro de dos pistones conjugados que arrastran volúmenes iguales de gas desde la entrada hasta la salida.
- **Contadores de turbina.** Miden velocidades de paso del gas proporcionales al caudal, a través del giro de un rodete central provisto de álabes.

Los contadores de pistones rotativos y los de turbina se utilizan habitualmente para medir consumos mayores, comerciales o industriales.

Existen también contadores electrónicos como el ultrasónico que también determina velocidades.

El principal problema al medir volúmenes de gas es que estos varían con la presión y la temperatura. Si el gas circula por los contadores a una presión relativa superior a 55 mbar se deberá instalar un corrector PT de presión-temperatura, de forma que el volumen circulante sea corregido a condiciones normales:

- Presión relativa: 0 mbar.
- Temperatura: 273,15 K (0 °C).

La selección del equipo de medición de gas se realizará siguiendo las instrucciones de los fabricantes y en función de las características de la instalación concreta. El fabricante deberá especificar las siguientes condiciones nominales de funcionamiento del instrumento:

- Posición de instalación.
- Caudal mínimo.
- Caudal máximo.
- Presión de operación máxima.
- Diagrama de pérdida de presión.
- Curva de errores de medida.

En particular, el fabricante deberá precisar:

- La familia o grupo del gas.
- La presión máxima de funcionamiento.

Los contadores de gas siempre se sitúan en lugares ventilados, resguardados de la intemperie y de fácil acceso. Resulta de gran importancia su buena ventilación ya que pueden sufrir averías o fugas.

Los contadores suelen ubicarse en batería en cuartos aislados o en armarios cerrados con llave para evitar la manipulación por personal no autorizado.

Por lo general, en un edificio de viviendas, se concentran todos en un armario único formando una batería de contadores. De este modo se aprovecha mejor el espacio y se optimiza su mantenimiento.

Sabía que...

También se autoriza la instalación del contador en cada vivienda, siempre que cumpla con los requisitos de ventilación y accesibilidad requeridos.

A la entrada y a la salida de los contadores se instalarán sendas válvulas de corte. También, con el fin de poder reemplazar al contador de gas en caso de avería, se dejará en la instalación un manguito de tubería.

Para evitar manipulaciones indebidas en los contadores de gas, al menos, uno de los rácores de conexión del contador a la red será precintado. El corrector PT, en caso de ser instalado, también será precintado, así como el cable del emisor de impulsos y sus sondas de temperatura y presión.

Instalación de un contador de gas

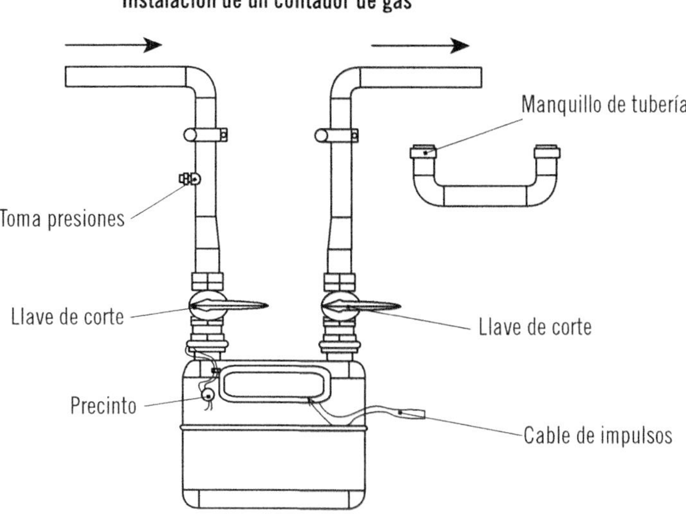

Los contadores de gas serán objeto de control metrológico de aprobación de modelo y estarán sometidos a primera comprobación, cumpliendo todos los requisitos de homologación, precintado y verificación exigidos por la normativa vigente.

Consumo de gasóleo

Para medir e indicar el volumen de gasóleo se emplean contadores específicos para ello. Normalmente se usan contadores de desplazamiento positivo, de pistón rotativo que miden de manera continua el volumen de gasóleo, e incluyen un aparato medidor que acciona un dispositivo indicador.

Deberán elegirse contadores adecuados a las circunstancias particulares de funcionamiento del tramo de la instalación receptora que se quiere medir, teniendo en cuenta para la selección y el montaje los requisitos establecidos por el fabricante del equipo. Como mínimo, el fabricante deberá especificar las siguientes condiciones nominales de funcionamiento del instrumento:

- Posición de instalación.
- Caudal mínimo.
- Caudal máximo.

- Presión de operación máxima.
- Temperatura máxima de trabajo.
- Curva de errores de medida.

Los contadores se instalarán en una zona en la que la toma de su lectura y su manipulación por el personal autorizado no ofrezca dificultad. En la instalación de todo contador se colocará una válvula de corte a la entrada y otra antirretorno a la salida. También se instalará un filtro, ya que las partículas sólidas que suele llevar el gasóleo en suspensión pueden producir errores importantes de lectura y reducir la vida del contador.

Para evitar que los contadores de gasóleo sean indebidamente manipulados, se precintará al menos uno de los rácores de conexión del contador a la red.

Instalación de un contador de gasóleo

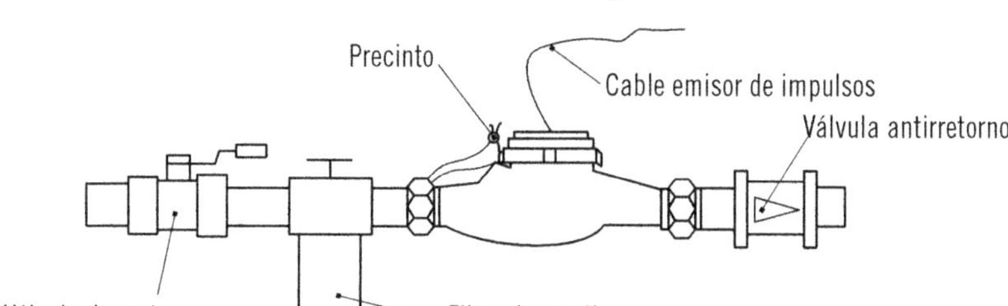

Salvo en algunas comunidades autónomas, no existe, a nivel nacional, ninguna norma de homologación de contadores de gasóleo; por tanto, no serán objeto de control metrológico de aprobación de modelo y verificación primitiva, aunque deberán estar convenientemente precintados.

Consumo de energía eléctrica

La energía eléctrica consumida en un circuito se mide empleando contadores de electricidad que se pueden clasificarse según diversos criterios:

- En función de las características de funcionamiento los contadores pueden ser electromecánicos y estáticos (electrónicos).

- En función del tipo se energía que miden, pueden ser:
  - Contadores de energía activa.
  - Contadores de energía reactiva.
  - Contadores combinados.
- Y en función del tipo de suministro:
  - Contadores monofásicos.
  - Contadores trifásicos.

Cada contador debe llevar sobre una placa descriptiva una serie de datos referentes a su fabricación y características. Estas indicaciones estarán inscritas de forma indeleble, fácilmente legible y visible desde el exterior, con caracteres que destaquen sobre el fondo de la placa. La tapa y la placa frontal del contador estarán selladas, de forma que resulte imposible la apertura o inserción de objetos extraños sin provocar la rotura de la envolvente, y dispondrá de los precintos reglamentarios.

Los contadores deben elegirse de acuerdo con las circunstancias particulares de funcionamiento del circuito cuyo consumo se quiere medir, y deben montarse teniendo en cuenta los requisitos establecidos por el fabricante del equipo.

Los contadores eléctricos serán objeto de control metrológico de aprobación de modelo y verificación primitiva y cumplirán todos los requisitos de homologación, precintado y verificación exigidos por la normativa vigente.

Sistemas de lectura de contadores

Con el fin de poder realizar un correcto seguimiento de las lecturas de los contadores, estos deberán estar provistos de emisores de impulsos. Si se instalan sistemas de transmisión tipo MBus o similar, se pueden telecontrolar todas las variables del contador, en cuyo caso no son necesarios los emisores de impulsos. En el siguiente esquema puede verse cómo se clasifican los sistemas de lectura de contadores, según necesiten o no de un cableado para la transmisión de la señal medida hasta el punto de lectura.

Esquema de sistema de lectura de contadores

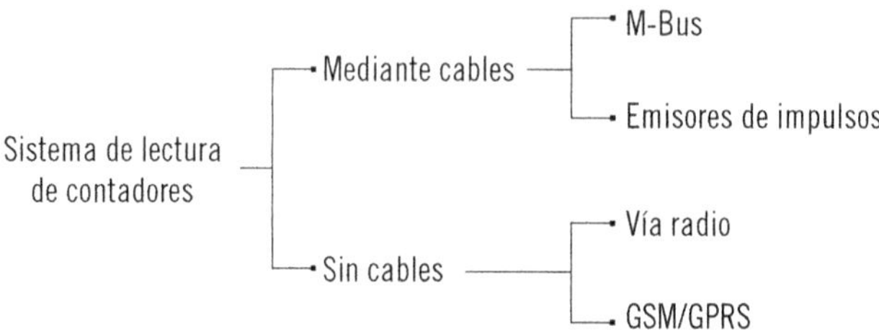

Sistema de lectura M-Bus

El M-Bus es un sistema estándar de lectura automática. Los contadores se conectan mediante cable de dos hilos apantallado, que conecta todos los contadores del sistema M-Bus en paralelo. La conexión de los contadores no precisa de ningún orden.

Nota

Es un sistema de lectura mediante cables con el que se puede centralizar la lectura de todos los contadores de un edificio en un único punto de lectura (situado por ejemplo en la portería, cuarto calderas, etc.).

En los sistemas M-Bus es necesario un concentrador o conversor Bus con conexión a la red eléctrica, que además de permitir la lectura de todos los contadores del sistema M-Bus, alimentará eléctricamente a todo el equipo permitiendo que los contadores no consuman sus baterías reservándolas para cuando falle el suministro eléctrico. El número máximo de contadores en un sistema M-Bus está limitado por el tipo de conversor que se utilice, y adicionalmente, por la longitud total del cableado.

Si se utiliza un concentrador con pantalla, las lecturas aparecerán reflejadas cuando se soliciten y además pueden descargarse a un portátil.

En cambio, si se usa un concentrador sin pantalla, será necesario un ordenador para conectarlo al concentrador y descargar las lecturas.

Sistema de lectura mediante emisores de impulsos

Estos contadores emiten un pulso cada vez que miden una determinada cantidad de volumen que viene dada en función del diámetro del contador.

Los contadores con emisor de impulsos disponen de un cable de conexión a sistemas de telelectura de caudales, control proporcional de bombas, emisores vía radio, unidades digitales de sistemas Bus, autómatas, etc., mediante el cual es posible enviar la lectura de cada contador a una pantalla que muestra la lectura individual del aparato.

Este sistema es adecuado cuando los contadores se encuentran situados en falsos techos o en arquetas a gran profundidad, ya que la pantalla puede colocarse en un lugar accesible y visible que permite realizar la lectura fácilmente.

Sistema de lectura vía radio

Los contadores con lectura vía radio son similares a los tradicionales (con la misma instalación) pero no disponen de cables sino de un módulo de transmisión vía radio, alimentado por una batería de litio de larga duración. Es un sistema de lectura automática que permite leer los contadores desde el exterior de las viviendas, utilizando un terminal portátil de lectura (TPL), con un receptor vía radio y un *software* de lectura específico.

La persona encargada de realizar la lectura con el TPL irá recibiendo automáticamente las lecturas que posteriormente se descargarán en la oficina de gestión.

Este sistema es también indicado para contadores de difícil acceso, por ejemplo los situados en arquetas profundas porque permite la lectura del contador sin tener que abrir, ni acceder a la misma.

Sistema de lectura GSM/GPRS

El sistema GSM/GPRS es un sistema de envío y recepción de datos mediante telefonía móvil.

Los contadores con lectura GSM/GPRS son similares a los tradicionales y tienen las mismas medidas de conexión, pero disponen de un módulo de transmisión de datos GSM/GPRS que permite la lectura y gestión remota automática de contadores situados en lugares lejanos o de difícil acceso desde la oficina de gestión. Para ello es necesario contar con un ordenador y un *software* específico de lectura.

El módulo GSM/GPRS puede estar alimentado por baterías o por corriente eléctrica y disponer de baterías de reserva.

8. Instrucciones de puesta en marcha, funcionamiento, parada, comprobación de parámetros y ajuste en las instalaciones de climatización y ventilación-extracción

Cuando se le entrega la instalación al titular, también se debe suministrar la información oportuna para que este pueda proceder a su correcto uso y mantenimiento. Esta información se recoge en un documento denominado manual de uso y mantenimiento de la instalación.

Este documento, que se redacta al final de las instalaciones, contiene todos los folletos de los equipos instalados con sus características técnicas y los manuales de funcionamiento e instrucciones de uso, tanto de los aparatos individuales como de la instalación en general. En el manual de uso y mantenimiento se incluyen también las fichas técnicas de todos los equipos y artefactos que forman parte de la instalación.

Para la realización de las fichas podrá utilizarse cualquier tipo de formato o formulario preestablecido, pero que dispondrá, como mínimo, de los campos necesarios para registrar los datos relativos a:

- Identificación del equipo en cada sistema y función a la que se destina. Conviene ordenarlos también por familias.
- Datos y características técnicas de cada elemento.
- Datos del fabricante.
- Componentes singulares que lo configuran.
- Frecuencias de revisión asignadas, según las recomendaciones de su fabricante, o bien, según los protocolos de mantenimiento que se le apliquen posteriormente.
- Características del estado en que se encuentra.

También resulta muy valiosa la información relativa a las necesidades de atención, particularidades de manipulación, y cualquier información referida a los repuestos recomendados para cada elemento o equipo facilitadas por los fabricantes.

Los modelos como los que aparecen a continuación pueden servir para registro de puesta en marcha y como ficha del equipo.

Recuerde

Distintos organismos como colegios oficiales o comunidades autónomas pueden tener requerimientos diferentes, por lo que habrá que tener presente dónde va a presentarse la documentación para así seguir los criterios correspondientes.

Ficha técnica del equipo						Aparato n.º:	
Nombre:				Fecha de inicio/puesta en marcha:			
Dirección:				Población:		CP:	
Emplazamiento de la instalación:				Localidad:		Provincia:	
Datos recinto	m²	nº	m³	Capacidad de congelación en t7h			
Más de 0 ºC				Carnes		Polivalente	
Entre 0 ºC y -18 ºC				Platos preco.		4	
Menos de -18 ºC				Fruta y Verd.		4	
Bitemperas				Lácteos		4	
Atmósf. controlada				Pesca mariti.		Total anc túnel	
Madur. acelerada				Pesca fluvial		Total otros sis.	
Tipo aparato (cámara, vitrina, etc.)				Pot. frigorífica (A/) Frío/Calor			
Marca del aparato				Control temperatura/presión tipo:			
Modelo del aparato				Marca:		Modelo	
N.º de serie del aparato				Condensador (tipo):			
Localización del aparato				Marca del condensador			
Circuito frigorífico	n.º			Modelo del condensador			
Marca de compresor				N.º de serie			
Modelo de compresor				Ventilador/bomba (nº/Total Kw.)			
Tipo de compresor				Ventila./bomba(marca/modelo)			
N.º de serie compresor				Caudal aire-agua (m³-l/Pr.Es.)			
Desplazamiento geométrico			m³/h	Tipo de condensación mixta			
Aceite del compresor				Marca de condensador mixto			
Reg./Trabajo. Presión impulsión			kg/cm² abs.	Modelo de condensador mixto			
Reg./Trabajo. Presión aspiración			kg/cm² abs.	Limitador de presión (Presostato AP -BP o ABP)			
Reg./Trabajo. Producc. frigorífica			kcal./h	Marca:		Tipo:	
Reg./Trabajo. Potencia absorbida			Kw	Modelo:		Pres. Tarado	
Refrigerante				Estanqueidad del circuito			

Continúa en página siguiente >>

<< Viene de página anterior

Puesta en marcha, mantenimiento y S.A.T. del aparato

Nombre:	Aparato n.º:		Orden n.º:	A
Dirección	Población:		Provincia:	
Emplazamiento de la instalación:	Población:		Provincia:	
Tipo aparato (cámara, vitrina, etc.)	Refrigerante		Limitador de presión	
Marca del aparato	Grupo 1º2º3º		Marca:	
Modelo del aparato	D. Simbólica		Modelo:	
Marca de compresor	Carga en kg		Pres. Tarado	
Modelo de compresor	Presión trabajo (bar)		Corte	Rearme
Aceite de compresor	Alta presión			
Localización del aparato	Baja presión			

Consumo compresor		Voltaje	Observaciones	Control de condensación		
R/(N)				Observaciones:		
S						
T						

	Temperaturas °C		T. aire/agua/glicol etc. Evap.		T. aire/agua/glicol etc. Cond.	
	A		Entrada "J"		Entrada "H"	
	B		Salida "K"		Salida "I"	
	C		Datos formados en refrigeración ( ), Calefacción B/C ( )			
	D		Observaciones:			
	E					
	F		Condensador (Marca/Modelo):			
	G		T. entr agua	T. S. agua	Caudal agua	Recupera agua

Evaporador (Marca/Modelo):								(sí) (no)
Ventiladores /bombas (n.º/Total Kw)					Ventil /bomba (n.º/Total Kw)			
Consumo ventiladores/bombas			Voltaje		Consumo ventiladores/bombas		Voltaje	
Amp.	V.B n.º 1/	V.B n.º 2/	V.B n.º 3/	V.B n.º 4/	Amp.	V.B n.º 1/	V.B n.º 2/	V.B n.º 3/
R/(N)					R/(N)			
S					S			
T					T			

Continúa en página siguiente >>

<< Viene de página anterior

Observaciones:			Observaciones:		
Comprobación de elementos de la instalación					
Verificación de aislamiento tuberías	M	Comprobación manómetros de gas	T	Verificación termómetros/termostatos	M
Verificación de anclaje de tuberías	M	Verificación secuencia funcionamiento	M	Comprobación cierres de puertas	M
Comprobación de fugas	M	Verificación secuencia de desescarche	M	Comprobación detector fuga de gases	M
Comprobación de vibraciones	M	Verificación limpieza condensador	S	Inspección indicador humedad/líquido	M
Verificación conexiones eléctricas	M	Verificación limpieza evaporador	S	Verificación nivel líquido de calderín	T
Comprobación nivel de aceite	M	Comprobación válvula de seguridad	M	Verificación de incondensables	A
Comprobación acidez aceite	M	Comprobación presostato de aceite	T	Reapriete bornas del cuadro eléctrico	A
En cámaras de congelación o atmósfera controlada, hacer las siguientes comprobaciones de elementos de seguridad					
Verificación func. resistencia puerta	M	Verificar válvula compensadora pres.	M	Verificar equipo protección indv. gases	M
Comprobación alarma inter. cámara	M	Verificar hacha tipo bombero	M	Verificación ventilación de la cámara	M
Notas: en comprobación de elementos inst. sobreescribir en las celdas, X = correcto, 0 = no existe, 1 = requiere intervención					
M = revisión mensual, T = revisión trimestral, S = revisión semestral, A = rev. anual			Madrid a de de		
Observaciones:					
			Fdo. Técnico:		

Ficha de puesta en marcha y mantenimiento

Las empresas instaladoras están reglamentariamente obligadas a facilitar a los propietarios la documentación relativa a la instalación y además, como información complementaria, la referente a los procedimientos de mantenimiento recomendados por los fabricantes de los principales equipos. Es conveniente disponer de ella para adaptar protocolos genéricos, especialmente cuando se refiera a equipos muy específicos o novedosos, cuyas pautas de mantenimiento puedan haber quedado fuera de los protocolos de revisión.

El manual de uso y mantenimiento se redacta siguiendo las pautas marcadas para cada elemento y subsistema de la instalación, de acuerdo con las exigencias establecidas en la normativa aplicable a cada equipo. Habrá de indicar para todos los elementos el uso que debe dársele y las operaciones que deben realizarse, incluyendo las correspondientes al programa de mantenimiento preventivo.

El manual de uso y mantenimiento se adjuntará al libro del edificio para que el titular pueda tenerlos siempre a mano si necesita consultarlos.

- **Instrucciones de puesta en marcha:** en las instrucciones para la puesta en marcha de la instalación debe reflejarse como poner en marcha la instalación y los pasos a seguir para un correcto funcionamiento.
- **Instrucciones de funcionamiento:** una vez el equipo esté funcionando, habrá que indicar los puntos para comprobar que la instalación está trabajando correctamente y no tiene fallos.
- **Instrucciones de parada:** para detener la instalación se deberá actuar de la manera que expresan las instrucciones de parada para evitar que se produzcan fallos en los elementos del equipo.
- **Comprobación de parámetros:** en la comprobación de parámetros se reflejará cada cuanto tiempo deben verificarse los parámetros de la instalación y que no se producen errores de lectura de las condiciones.
- **Ajustes en las instalaciones de climatización y ventilación-extracción:** las instrucciones para el ajuste de las instalaciones de climatización y ventilación-extracción indicarán, en caso de que exista algún desarreglo, como reorganizarlo para que todo funcione correctamente.

9. Cumplimentación de la documentación y formularios normalizados de la puesta en servicio de ambos tipos de instalaciones

El último paso que debe realizarse para la puesta en marcha de una instalación es presentar la documentación pertinente para la certificación de la instalación.

Una vez realizadas las pruebas que marca la IT 2 del RITE y superadas de manera satisfactoria, se solicitará al órgano competente de la comunidad autónoma correspondiente el certificado de la instalación.

Este certificado, en el caso de instalaciones de potencia mayor de 70 kW, lo requerirán el instalador habilitado y el director de la instalación. Para instalaciones inferiores a 5 kW no será necesaria ningún tipo de documentación de puesta en marcha. Finalmente, si la instalación está entre 5-70 kW, el certificado lo solicitará el instalador habilitado o la empresa instaladora autorizada.

Si la instalación tiene una potencia térmica nominal instalada superior a 5 KW se deberá presentar:

- El certificado de la instalación.
- El proyecto o la memoria técnica de la instalación realmente ejecutada (proyecto, cuando la potencia térmica nominal a instalar en generación de calor o frío sea mayor que 70 kW, y memoria técnica cuando la potencia térmica nominal a instalar en generación de calor o frío sea mayor o igual que 5 kW y menor o igual que 70 kW).
- El certificado de inspección inicial con calificación aceptable.

Tras la presentación de la documentación en el órgano competente de la comunidad autónoma correspondiente, y una vez que se ha comprobado que dicha documentación es correcta, el certificado de la instalación será registrado por dicho órgano, pudiendo a partir de este momento, proceder a la puesta en marcha de la instalación.

Nota

Las instalaciones deben cumplir con la reglamentación vigente, y si se ven afectadas por varios reglamentos, también lo harán con las prescripciones técnicas de los mismos para obtener las correspondientes autorizaciones.

Queda muy claro en la reglamentación que la entrada en registro de un certificado no supone la aprobación técnica del proyecto o memoria técnica, ni la idoneidad técnica de la instalación hasta que no quede registrada la instalación completa tras la inspección.

Aplicación práctica

Tras las pruebas de puesta en marcha de una instalación de climatización de una discoteca de 15 kW de potencia, ¿Quién debe pedir el certificado de la instalación?

SOLUCIÓN

El certificado de la instalación lo tiene que solicitar un instalador habilitado o la empresa instaladora autorizada que cuente en su plantilla con un instalador homologado como mínimo. Al ser la instalación menor de 70 kW y mayor de 5 kW, habrá que rellenar una memoria técnica que tendrá que presentar en el órgano competente de la comunidad autónoma correspondiente.

El incumplimiento de los reglamentos que afecten a la instalación puede derivar en correcciones de deficiencias e incluso en la paralización de la instalación.

Una vez que la instalación se encuentra registrada, el instalador habilitado y/o el director de la instalación debe entregar al propietario toda la documentación de la instalación para incorporarla al libro del edificio. Dicha documentación estará compuesta por:

a. El proyecto o memoria técnica de la instalación realmente ejecutada.
b. El manual de uso y mantenimiento de la instalación.
c. Una relación de los materiales y los equipos instalados en la que se indiquen sus características técnicas y de funcionamiento, junto con la correspondiente documentación de origen y garantía (fabricante, marca y modelo).
d. Los resultados de las pruebas de puesta en servicio realizadas de acuerdo con la IT 2.
e. El certificado de la instalación registrado en el órgano competente de la comunidad autónoma.
f. El certificado de la inspección inicial cuando sea preceptivo.

Importante

Una vez que la empresa instaladora autorizada ha entregado el certificado de la instalación debidamente registrado en el órgano competente de la comunidad autónoma, el titular de la instalación debe solicitar el suministro regular de energía a la empresa suministradora, por lo que tiene que entregar a esta una copia del certificado de la instalación. Debe realizar el trámite anterior ya que está prohibido el suministro regular de energía a aquellas instalaciones sujetas al RITE, cuyo titular no facilite a la empresa suministradora la copia del certificado de la instalación registrado en el órgano competente de la comunidad autónoma correspondiente.

9.1. El certificado de la instalación

Una vez finalizada la instalación y realizadas las pruebas de puesta en servicio con resultados satisfactorios, el instalador habilitado y el director de la instalación, cuando la participación de este último sea preceptiva, suscribirán el certificado de la instalación.

El certificado se presentará en un modelo de instancia establecido por el órgano competente de la comunidad autónoma y recogerá el contenido siguiente:

- Identificación y datos referentes a las principales características técnicas de la instalación realmente ejecutada.
- Identificación de la empresa instaladora, instalador habilitado con carné profesional y del director de la instalación, cuando la participación de este último sea preceptiva.
- Los resultados de las pruebas de puesta en servicio realizadas.
- Declaración expresa en la que se manifieste que la instalación ha sido ejecutada de acuerdo con el proyecto o memoria técnica y de que cumple con los requisitos exigidos por el RITE.

Adicionalmente al certificado de la instalación, los que suscriben el mismo podrán adjuntar los certificados de cumplimiento de otros reglamentos y disposiciones vigentes que puedan afectar a la instalación en materia de seguridad (instalaciones de protección en caso de incendio, instalaciones de aparatos a presión, instalaciones de combustible, instalaciones eléctricas, instalaciones y aparatos que utilizan gas como combustible e instalaciones frigoríficas).

9.2. La memoria técnica de diseño

Dentro de la documentación que hay que aportar para el libro del edifico cabe destacar la memoria técnica de la instalación "realmente ejecutada". Hay que tener en cuenta que de la memoria de proyecto a la instalación final pueden haber surgido modificaciones, por eso se tiene que presentar una memoria con lo realmente ejecutado.

La memoria técnica es otro de los documentos que sirven de base a la ejecución de una instalación térmica. Debe ser elaborada por un instalador habilitado o por un técnico titulado competente que será responsable de que la instalación se adapte a las exigencias de bienestar e higiene, eficiencia energética y seguridad que se indican en el RITE, y que actuará coordinadamente con el autor del proyecto general del edificio.

La memoria técnica se redactará en los impresos oficiales según el modelo establecido por el órgano competente de la comunidad autónoma. Constará de los siguientes documentos:

a. **Memoria descriptiva de la instalación** en la que figurará la descripción de los generadores térmicos (el número y las características de los equipos generadores de calor o frío) incluidos los sistemas de energías renovables y otros elementos principales. También se incorporará la justificación de que las soluciones propuestas cumplen las exigencias de bienestar térmico, higiene, eficiencia energética y seguridad del RITE. En esta memoria figurarán también los parámetros de diseño elegidos.
b. **El cálculo de la potencia térmica instalada** de acuerdo con un procedimiento reconocido. Se explicitarán los parámetros de diseño elegidos.
c. **Los planos y/o esquemas** de las instalaciones.

Recuerde

Los órganos competentes de las comunidades autónomas (normalmente la consejería que se encarga de los temas de Industria) son los que establecen el modelo sobre el que se presentará la memoria técnica; por lo tanto, los apartados que incluyen estos modelos difieren de unas comunidades a otras, si bien en todos ellos su estructura se corresponde con la relación documental arriba mencionada.

La memoria técnica comienza con una serie de apartados similares a los recogidos en la memoria descriptiva se reflejan los datos del titular de la instalación, los datos del instalador, de la edificación, de la instalación, la normativa seguida, datos técnicos (sistema de instalación elegido, fuente de energía, generador de calor, frío, etc.), justificación de las exigencias de calidad, higiene, eficiencia energética, aprovechamiento de las energías renovables, seguridad, etc.

A continuación, se recopilan los apartados en los que se recogen los cálculos justificativos. En el impreso suelen reflejarse solo los resultados obtenidos, adjuntando aparte los archivos de tablas, fórmulas y cuadros de resultados comparados que los justifican.

No todos los modelos incluyen un espacio destinado a los planos y esquemas. Debido a su extensión es difícil que quepan en el formato de impresión del modelo. Por eso, los elementos de representación gráfica de las instalaciones que no puedan presentarse con las anotaciones y claridad suficientes en el formato del modelo, se indicarán en un plano o esquema adjunto.

Es habitual que la memoria técnica se presente por triplicado (un ejemplar para la delegación provincial, otro para el titular y otro para el instalador), pero no es una norma. Debe presentarse firmada por el autor, el instalador habilitado y con el sello de la empresa instaladora o el visado del colegio. A continuación se muestra, como ejemplo, un modelo de memoria justificativa de la Junta de Andalucía.

JUNTA DE ANDALUCIA

CONSEJERÍA DE ECONOMÍA, INNOVACIÓN Y CIENCIA

Delegación Provincial en ....

MEMORIA TÉCNICA DE INSTALACIONES TÉRMICAS (potencia térmica 5 ≤ Pt ≤ 70 Kw)

Real Decreto 1027/2007, de 20 de julio por el que se aprueba el Reglamento de Instalaciones Térmicas en los Edificios

1. DATOS DEL TITULAR DE LA INSTALACIÓN

Apellidos y Nombre o Razón Social		NIF/CIF
Domicilio	Código Postal	Población
Provincia	Teléfono	Email

1.1. DATOS REPRESENTANTE LEGAL (si procede)

Apellidos y Nombre		NIF
Domicilio	Código Postal	Población
Provincia	Teléfono	Email

2. DATOS DE LA INSTALACIÓN

2.1. UBICACIÓN

Calle o Plaza, Nº, piso, puerta		
Localidad	Código Postal	Provincia

2.2 OBJETO DE LA INSTALACIÓN

☐ A.C.S. ☐ Calefacción ☐ Climatización ☐ Ventilación

2.3 INTERVENCIÓN EN LA INSTALACIÓN

☐ Nueva ☐ Ampliación ☐ Reforma
☐ Cambio de la fuente de energía ☐ Incorporar energía solar ☐ Otra

2.4 USO O TIPO DE LOCAL

☐ Vivienda ☐ Industrial ☐ Local pública concurrencia ☐ Local no pública concurrencia
☐ Local Institucional ☐ Local Institucional para bienestar de personas ☐ Otros

2.5 TIPO DE EDIFICACIÓN

Aislada ☐	Bloque ☐ Número de viviendas o locales	Potencia Térmica (KW)

2.6 TIPO DE INSTALACIÓN

Individual ☐ Colectiva ☐ Mixta ☐ Otra ☐

3. DATOS EMPRESA INSTALADORA

Denominación	Nº Registro E. Instaladora	CIF
Domicilio fiscal	Código Postal	Población
Provincia	Teléfono	Email

4. FUENTE DE ENERGÍA

☐ Gasóleo ☐ G.L.P. ☐ Gas Natural ☐ Electricidad
☐ Biomasa ☐ Solar ☐ Otra (Indicar):

Página 1 de 6

Continúa en página siguiente >>

<< Viene de página anterior

5. ALMACENAMIENTO COMBUSTIBLE

☐Botellas	☐ Depósito aéreo		☐Depósito enterrado
☐Silo	☐ Interior	☐ Prefabricado	☐ Carga directa
			☐ Carga semiautomática
☐Habitación específica	☐ Exterior	☐ Obra Civil	☐ Carga neumática
Otros	Capacidad Total de Almacenamiento (Kg. o m^3)		

6. CENTRAL TÉRMICA

6.1. GENERADOR DE CALOR			
☐Caldera	☐Caldera mixta(Calefacción + A.C.S.)		☐ Bomba de calor
☐Calentador instantáneo	☐Calentador acumulador		☐ Termo eléctrico
Marca	Modelo	Nº de Fabricación	
Potencia térmica KW.	Potencia calefacción(KW)	Potencia A.C.S.(KW)	Acumulación (L)
Rendimiento de la Caldera/Calentador: Al 100% de carga		Al 30% de carga	
C O P nominal bomba de calor:			
6.1.1 Quemador:			
Marca o Modelo	Potencia	Regulación (marchas y modulante)	
6.1.2 Ubicación:			
☐Local específico	☐ Local genérico	☐Local abierto	Uso del Local
6.2 GENERADOR DE FRÍO			
☐Compacto ☐ Partido	☐Multi-Split	☐ Enfriadora	☐ Otro
Marca	Modelo	Nº de Fabricación	
Potencia Frigorífica (KW.)	Potencia de Compresor (KW.)		
6.2.1 Condensado por : ☐Aire		☐Agua	
Prestación Energética:	Clase A,B,C,D,E,F o G		
Rendimiento (EER) Al 100% de carga		Al 30% de carga	
6.2.2 Ubicación			
☐ Condensadora	☐Interior	☐Exterior	Lugar
☐ Evaporadora	☐Interior	☐Exterior	Lugar

7. VENTILACIÓN LOCAL UBICACIÓN GENERADOR

TIPO		
☐ Natural	☐Directa ☐Indirecta	Superficie cm^2
☐ Forzada	Caudal cm^3/sg.	

8. EVACUACIÓN PRODUCTOS DE COMBUSTIÓN

☐ Conducto Horizontal con Deflector	☐ Chimenea Individual a Cubierta
☐ Chimenea Colectiva a cubierta	☐ Shunt
Material	Fabricante
Diámetro Interior (cm.)	Diámetro Exterior (cm.)
Lugar de Evacuación (cubierta, fachada, patio de luces, etc.)	
Distancia de la boca de salida a huecos (propios o colindantes) de la edificación (ventana, puertas, rejillas de ventilación, etc.)	

Página 2 de 6

Continúa en página siguiente >>

<< Viene de página anterior

9. AISLAMIENTO TÉRMICO

9.1 TUBERÍAS				
9.1.1 CALOR				
Ubicación Interior	Material tubería	Material aislante	Espesor aislante	Protección Intemperie
Ubicación Exterior	Material tubería	Material aislante	Espesor aislante	Protección intemperie
9.1.2 FRÍO				
Ubicación Interior	Material tubería	Material aislante	Espesor aislante	Protección Intemperie
Ubicación Exterior	Material tubería	Material aislante	Espesor aislante	Protección intemperie
9.2 CONDUCTOS				
9.2.1 CALOR				
Ubicación Interior	Material tubería	Material aislante	Espesor aislante	Protección Intemperie
Ubicación Exterior	Material tubería	Material aislante	Espesor aislante	Protección intemperie
9.2.2 FRÍO				
Ubicación Interior	Material tubería	Material aislante	Espesor aislante	Protección Intemperie
Ubicación Exterior	Material tubería	Material aislante	Espesor aislante	Protección intemperie

10. SISTEMA DISTRIBUCIÓN

10.1 TUBERÍAS			
Monotubo ☐	Retorno directo ☐	Bitubo ☐	Retorno invertido ☐
Diámetro exterior máximo (mm)		Diámetro exterior mínimo (mm)	
Número máximo de elementos terminales por circuito (radiadores, Fan-coil)			
10.2 CONDUCTOS			
Sección circular		Sección rectangular	
Sección máxima (mm)		Sección mínima (mm)	

11. UNIDADES TERMINALES (Usuario)

Radiadores: ☐ Chapa	☐ Hierro fundido	☐ Aluminio	☐ Paneles chapa
Ventiloconvectores (Fan-coil)			
☐ Suelo radiante	Tipo de material		
☐ Techo radiante	Tipo de material		
☐ Rejillas	☐ Difusores		☐ Otros

12. REGULACIÓN Y CONTROL

	Calefacción	A.C.S.	Refrigeración
Termostato en local característico o de ambiente general			
Termostato ambiente individual			
Válvulas Termostáticas			
Sistema con válvula tres vías			
Sonda temperatura fluido			
Sonda temperatura exterior			
Centralita eléctrica			
Termostato impulsión cobre caudal			

Página 3 de 6

Continúa en página siguiente >>

<< Viene de página anterior

13. EXIGENCIAS DE BIENESTAR E HIGIENE

13.1 CONDICIONES INTERIORES (IDA)	Verano	Invierno
Temperatura (ºC)	23ºC ≤ ≤ 25ºC	21ºC ≤ ≤ 23ºC
Humedad relativa (%)	45% ≤ ≤ 60%	40% ≤ ≤ 50%
Velocidad media del aire (m/s)	$v = \frac{t}{100} - 0{,}07 m/s =$	$v = \frac{t}{100} - 0{,}10 m/s =$
13.2 CONDICIONES EXTERIORES (ODA)	**Verano**	**Invierno**
Temperatura (ºC)		
Humedad relativa (%)		

14. EXIGENCIAS DE SEGURIDAD

14.1 ELEMENTOS DE SEGURIDAD	
☐ Válvulas de seguridad hidráulica	Presión de tardo (Kg/cm^2) o bar:
☐ Vaso de expansión	Volumen (litros):
☐ Interruptor de flujo	
☐ Interruptor de corte general	
☐ Generación de agua refrigerada	Nº evaporadores:
☐ Presostato diferencial	
☐ Interruptor de flujo	
14.2 TUBERÍAS	
Válvula de alivio tarada a:	Kg/cm^2 (0,3 bar por debajo presión prueba)
Vaciado conducido a:	
14.3 CONDUCTOS	
Aberturas de mantenimiento:	
Distancia entre aberturas:	
14.4 ELEMENTOS RADIANTES	
Temperatura ºC < 80ºC	
Con protección	

15. INSTALACIÓN SOLAR TÉRMICA

15.1 CAPTADOR SOLAR		
Marca	Modelo	Contraseña o Nº fabricación
Orientación		Inclinación
Nº de captadores	área de captación (m^2)	Coeficiente de pérdidas
15.2 INSTALACIÓN		
Forzada	Forzada, Kit de fabricante	Termosifón
15.3 CONTRIBUCIÓN SOLAR MÍNIMA		
Zona climatizada	Demanda de A.C.S. l/día a	ºC
Caso: ☐ General	☐ Supervisión	☐ Integración arquitectónica
Pérdidas por orientación, inclinación y sombras	%	
Energía útil aportada por el sistema solar	Kw./año	
Contribución solar anual calculada	%	
Rendimiento medio de la instalación solar	% ≥ 20%	
15.4 ACUMULADOR SOLAR		
Nº acumuladores	Volumen litros	
50 < Volumen/Área de captación < 180		
Material aislamiento	Temperatura máxima ºC	

Página 4 de 6

Continúa en página siguiente >>

<< Viene de página anterior

15.5 SISTEMA INTERCAMBIO

Potencia (W)	Tipo intercambiador	☐ Interacumulador ☐ Intercambiador externo

15.6 CIRCUITO PRIMARIO

Caudal (l/h)	Fluido	Material tubería ☐ Cobre ☐ Acero inoxidable	Tipo aislamiento

15.7 VASO EXPANSIÓN

Presión nominal (kg/cm²)	Volumen (litros)	Presión tardo válvula seguridad (Kg/cm²)

15.8 ENERGÍA DE APOYO

Aparato	Marca	Modelo	Potencia térmica (Kw)	Energía utilizada

16. RESUMEN CARGAS TÉRMICAS POR LOCAL Y ELEMENTO INSTALADO RESULTANTE DE LOS CÁLCULOS

Planta	Tipo Local	Nº	Superficie m²	Orientación	Cargas Cálculo	Emisor / Equipo	Elementos	Potencia Instalada

17. PLANOS Y DOCUMENTACIÓN JUSTIFICATIVA (marcar los planos que se adjuntan)

- ☐ Situación
- ☐ Esquema de principio de la instalación indicando entre otros: diámetro de tuberías, conducciones, etc.
- ☐ Planta del local con situación de los equipos, distancias de este a paredes, ventilación, accesos, etc.
- ☐ Sección en alzado del local con indicación de chimenea, depósito, caldera, vaso expansión, etc.
- ☐ Planta de la instalación y distribución del edificio en el que figuren tuberías con diámetros, dimensiones de conductos, unidades terminales, etc.
- ☐ Planta de cubierta con situación captadores y equipos, diagrama de pérdidas, gráfico f-chart, etc.
- ☐ Otros
  - ☐ Hoja de cálculos
  - ☐ Gráficos
  - ☐ Tablas
  - ☐ Resultados de programa informático

18. TÉCNICO TITULADO COMPETENTE REDACTOR DE LA MEMORIA (si procede)

Apellidos y Nombre		NIF
Domicilio	Código Postal	Población
Provincia	Teléfono	Email
Titulación	Nº colegiado	

Página 5 de 6

Continúa en página siguiente >>

<< Viene de página anterior

19. TITULAR DEL CARNÉ PROFESIONAL (RITE) REDACTOR DE LA MEMORIA

Apellidos y Nombre				NIF
Domicilio			Código Postal	Población
Provincia	Teléfono	Email		
Nº carné instalador	Categoría	Especialidad		

D./Dña. como autor/a de la Memoria Técnica cuyos datos han quedado reseñados, DECLARA que la misma cumple con el Reglamento de Instalaciones Térmicas (RITE) y sus Instrucciones Técnicas (IT) aprobados por Real Decreto 1027/2007, de 20 de julio.

En a de de

El Titular del carné profesional ó Técnico competente

Sello de la Empresa Instaladora

Página 6 de 6

Ejemplo de modelo de memoria Junta de Andalucía

Nota

En el diseño del sello de la empresa instaladora deben figurar obligatoriamente los datos sociales/fiscales de la misma, NIF e información registral de la sociedad; y domicilio fiscal, aunque no es indispensable. Se recomienda incluir los datos de contacto como el teléfono o correo electrónico. El nombre de la empresa debe reflejarse completo igual que aparece en el registro de instaladores.

Para cualquier reforma que se haga en las instalaciones y que suponga una modificación del proyecto o memoria técnica con que fue ejecutada y registrada, debe realizarse previamente un proyecto o una memoria técnica recogiendo las modificaciones que se van a introducir en la que se justifique el cumplimiento de las exigencias del RITE y la normativa vigente que le afecte en la parte reformada.

9.3. Certificado de inspecciones iniciales

A fin de verificar el cumplimiento reglamentario, las instalaciones térmicas pueden ser sometidas a varias inspecciones. Será el órgano competente de la comunidad autónoma el que establezca las inspecciones que se le realicen a una instalación, que podrán ser iniciales, periódicas o aquellas otras que establezca por propia iniciativa, denuncia de terceros o resultados desfavorables apreciados en el registro de las operaciones de mantenimiento con el fin de comprobar y vigilar el cumplimiento del RITE a lo largo de la vida de las instalaciones térmicas en los edificios.

Las inspecciones se efectuarán por personal facultativo de los servicios del órgano competente de la comunidad. También lo pueden hacer organismos o entidades de control autorizadas para este campo reglamentario que serán elegidas libremente por el titular de la instalación de entre las homologadas para realizar esta función.

La inspección inicial de las instalaciones térmicas dispuesta por el órgano competente de la comunidad autónoma tendrá como fin comprobar el cumplimiento del RITE una vez ejecutadas las instalaciones térmicas y que haya sido presentada ante él la documentación necesaria para su puesta en servicio.

Esta inspección se realizará sobre la base de las exigencias de bienestar e higiene, eficiencia energética y seguridad que establece el RITE, por la reglamentación general de seguridad industrial y en el caso de instalaciones que utilicen combustibles gaseosos, por las correspondientes a su reglamentación específica.

Como resultado de la inspección se emitirá un certificado en el que se indicará si el proyecto o memoria técnica y la instalación ejecutada cumple con el RITE, la posible relación de defectos con su clasificación, y la calificación de la instalación.

Según resulte la inspección inicial, la instalación podrá calificarse como favorable, condicionada o negativa.

La inspección será favorable si no se detecta la existencia de algún defecto grave o muy grave. Si se detecta la presencia de un defecto grave, la instalación obtendrá la clasificación de condicionada y no podrá entrar en servicio y ser suministrada de energía en tanto no se hayan corregido los defectos indicados y pueda obtener la clasificación de aceptable. Si se detecta un defecto muy grave, la inspección resultará negativa y al igual que en el caso de la calificación condicionada, no podrá entrar en funcionamiento hasta que hayan corregido los defectos detectados.

10. Resumen

Una vez que los locales en los que se ha realizado la instalación de los sistemas de extracción-ventilación son ocupados por las personas, es necesario ajustar los valores de los parámetros medioambientales para asegurar el confort de las instalaciones, y actuar si es preciso sobre los sensores de los equipos. También debe comprobarse que el nivel de ruido producido no supera las medidas establecidas por los reglamentos.

Además, es necesario que la empresa instaladora efectúe el ajuste y equilibrado de los sistemas y que lo documente, para comprobar en el futuro si se han producido desajustes en los equipos.

Es importante también comprobar que los equipos cumplen las exigencias de eficiencia energética, y realizar mediciones de los consumos de agua, energía eléctrica y combustibles utilizados durante su funcionamiento.

Cuando se entregue una de estas instalaciones deberán darle a su destinatario el manual de uso y mantenimiento correspondiente a la instalación realmente ejecutada.

Además, para la puesta en servicio de la instalación, será necesario presentar ante el órgano competente de la comunidad autónoma la documentación correspondiente en los formularios establecidos, a fin de que esta sea correctamente registrada.

Ejercicios de repaso y autoevaluación

1. **¿Qué elemento está relacionado con el grado de bienestar y satisfacción de las personas?**

   a. La temperatura ambiental.
   b. El confort ambiental.
   c. El ruido ambiental.
   d. La humedad ambiental.

2. **En invierno, a mayor velocidad del viento, mayor sensación de...**

   a. ... humedad.
   b. ... calor.
   c. ... frío.
   d. ... bochorno.

3. **El límite superior de la zona ocupada es:**

   a. 0,60 m.
   b. 1,10 m
   c. 1,70 m.
   d. 2,00 m.

4. **Indique si es verdadera o falsa la siguiente afirmación:**

   a. La sensación térmica es el término usado para describir el grado de incomodidad que un ser humano siente como resultado de la combinación de la temperatura y el viento en invierno, y de la temperatura, la humedad y el viento en verano.

      ☐ Verdadera
      ☐ Falsa

5. **Complete el siguiente texto:**

La humedad aumenta la sensación de ______________, una sudoración continua y una falta de transpiración del ______________. Si la humedad es ______________, el valor de la sensación térmica excede al de la temperatura del aire.

6. **¿Qué tres parámetros hay que controlar en la zona ocupada?**

____
____
____

7. **El ruido se transmite en todas las direcciones del espacio...**

a. ... en esferas concéntricas.
b. ... en círculos concéntricos.
c. ... siempre con la misma potencia.
d. ... en línea recta.

8. **La medida de caudales de agua se realiza con...**

a. ... contadores de membrana.
b. ... contadores de pistones rotativos.
c. ... contadores de turbina.
d. ... contadores ultrasónicos.

9. **La información para un correcto uso de la instalación se le entrega al titular en...**

a. ... una ficha técnica del aparato.
b. ... un manual de uso y mantenimiento de la instalación.
c. ... un certificado de la instalación.
d. ... un proyecto o memoria técnica.

10. Según el RITE, la memoria técnica se presentará...

a. ... para instalaciones mayores de 70 kW, en el órgano competente de la comunidad autónoma.
b. ... para instalaciones mayores de 5 kW y menores de 70 kW, en el órgano competente de la provincia.
c. ... para instalaciones mayores de 70 kW, en el órgano competente de provincia.
d. ... para instalaciones mayores de 5 kW y menores de 70 kW, en el órgano competente de la comunidad autónoma.

Bibliografía

Monografías

ALTMANN, C.: *El mantenimiento y la eficiencia energética.* Montevideo: Sociedad Uruguaya de mantenimiento, 2010.

GIMÉNEZ López, R.: *Frío industrial (2).* [s.l.]: Marcombo S. A, 2006.

GONZALO Valiente, C. y FERRANDO Pérez, R.: *Instalaciones de climatización y ventilación.* Conselleria De Cultura, Educación Y Deporte/Cámara Oficial De Comercio, Industria Y Navegación De Valencia, 2007.

PUEBLA, J. A.: *Manual de buenas prácticas en refrigeración.* [s.l.]: Fondoin, 2005.

TOVOROSKY, P. y ZANIN, M.: *Control de acceso y monitoreo de parámetros ambientales en sala de cómputo:* UTN, Facultad Regional Paraná, 2009.

VV. AA.: *Guía técnica, ahorro y recuperación de energía en instalaciones de climatización.* [s.l.]: Idae, 2012.

VV. AA.: *Manual práctico de ventilación.* 2. Barcelona: Salvador Escoda S. A.

VV. AA.: *Manual práctico de ventilación.* [s.l.]:Soler & Palau, 2014.

Legislación

- Orden VIV/984/2009, de 15 de abril, por la que se modifican determinados documentos básicos del código técnico de la edificación aprobados por el Real Decreto 314/2006, de 17 de marzo, y el Real Decreto 1371/2007, de 19 de octubre.

- Reglamento (UE) 2024/573 del Parlamento Europeo y del Consejo, de 7 de febrero de 2024, sobre los gases fluorados de efecto invernadero, por el que se modifica la Directiva (UE) 2019/1937, y se deroga el Reglamento (UE) n.º 517/2014 (Texto pertinente a efectos del EEE).

- Directiva 2010/31/UE del Parlamento Europeo y del Consejo, de 19 de mayo de 2010, relativa a la eficiencia energética de los edificios.

- Real Decreto 552/2019, de 27 de septiembre, por el que se aprueban el Reglamento de seguridad para instalaciones frigoríficas y sus instrucciones técnicas complementarias.

- Real Decreto 115/2017, de 17 de febrero, por el que se regula la comercialización y manipulación de gases fluorados y equipos basados en los mismos, así como la certificación de los profesionales que los utilizan y por el que se establecen los requisitos técnicos para las instalaciones que desarrollen actividades que emitan gases fluorados.

- Real Decreto 1027/2007, de 20 de julio, por el que se aprueba el reglamento de instalaciones térmicas en los edificios.

- Real Decreto 97/2014, de 14 de febrero, por el que se regulan las operaciones de transporte de mercancías peligrosas por carretera en territorio español.

- Real Decreto 314/2006, de 17 de marzo, por el que se aprueba el Código Técnico de la Edificación.

- Real Decreto 842/ 2002, de 2 de agosto, por el que se aprueba el Reglamento electrotécnico para baja tensión.